Heiner Boberski / Josef Bruckmoser

Weltmacht oder Auslaufmodell

HEINER BOBERSKI | JOSEF BRUCKMOSER

WELTMACHT oder AUSLAUFMODELL

Religionen im 21. Jahrhundert

Tyrolia-Verlag · Innsbruck-Wien

Bibliografische Information Der Deutschen Nationalbibliothek
Die Deutsche Nationalbibliothek verzeichnet diese Publikation in der Deutschen Nationalbibliografie; detaillierte bibliografische Daten sind im Internet über http://dnb.d-nb.de abrufbar.

Umschlaggestaltung: Tyrolia-Verlag
Titelgrafik: © Julian Witte – Fotolia.com
Layout und digitale Gestaltung: Tyrolia-Verlag, Innsbruck
Druck und Bindung: FINIDR, Tschechien
ISBN 978-3-7022-3239-9 *(gedrucktes Buch)*
ISBN 978-3-7022-3244-3 *(E-Book)*
E-Mail: buchverlag@tyrolia.at
Internet: www.tyrolia-verlag.at

Inhalt

Heiner Boberski

I. Kapitel
Der Faktor Religion im globalen Kräftespiel

Die Fragestellungen dieses Buches

Man redet wieder über Religion. Gar nicht so selten beherrschen Themen, die mit dem Glauben von Menschen zusammenhängen, sogar die Schlagzeilen großer Printmedien oder die Spitzenmeldungen in Nachrichtensendungen in Radio oder Fernsehen. In den harmloseren Fällen ziehen reisende Religionsführer wie der Papst oder der Dalai Lama die Aufmerksamkeit auf sich, in den weniger harmlosen geht es um Skandale und Verbrechen sowie um Fanatismus und Gewalt, um Konflikte, die Tote und Verletzte zur Folge haben.

Zumindest im liberal-materialistischen Westen, aber auch im postkommunistischen Osten deutete bisher vieles auf eine ständig zunehmende Säkularisierung mit einem langsamen Absterben der Religionen hin. Wächst nicht die Zahl jener, die nichts mit Religion anfangen können, da etwa aus ihrer Sicht die Erkenntnisse der modernen Wissenschaft kaum mehr mit den traditionellen Überlieferungen der einzelnen Glaubensgemeinschaften in Einklang zu bringen seien? Und melden sich nicht Religionskritiker und Atheisten, wie etwa ein Richard Dawkins mit seinem Buch

„Der Gotteswahn", kräftig zu Wort? Gehen wir auf eine religionslose Welt zu?

Aber nimmt nicht gleichzeitig auch die Anhängerschaft bestimmter religiöser Richtungen, etwa der charismatischen Pfingstler oder eines militanten, salafistischen Islam deutlich zu? Und bäumen sich nicht auch die christlichen Kirchen, vor allem die römisch-katholische mit Neuevangelisierungskampagnen dagegen auf, an Boden zu verlieren? Ist nicht längst der von Samuel P. Huntington verkündete „Clash of Civilizations" auch in Form eines „Clash of Religions" in vollem Gange? Wie wird dieses Match ausgehen und wie wird es sich auf Politik und Wirtschaft auf unserem Globus auswirken? Wird zum Beispiel Europa islamisch? Prägen womöglich Fundamentalisten, die hinter jeder Kritik, aber auch hinter jeder dümmlichen Entgleisung gegenüber ihrer Religion todeswürdige Blasphemie wittern oder zumindest sehen wollen, mit Terror und Gewalt das 21. Jahrhundert? Oder kann es zu einer echten Versöhnung der Religionen beziehungsweise zur Schaffung eines für alle verbindlichen Weltethos kommen?

Um diese Fragestellungen geht es in diesem Buch, das abzuwägen versucht, welche Entwicklungen wahrscheinlich sind und welche Rolle Religionen in Zukunft voraussichtlich spielen werden. Nicht im Mittelpunkt stehen der Inhalt und die Geschichte der Religionen, die aber natürlich auch kurz beleuchtet werden, haben sie doch die heutige Vielfalt von Einstellungen zum Thema Religion geprägt. Eine Fülle von Literatur stellt heute Religionen einerseits als die großen Verursacher vieler gewaltsamer Konflikte dar und ordnet Religionsführern in erster Linie Eigenschaften wie Weltfremdheit, Heuchelei und Machthunger zu. Auf der anderen Seite ist unbestritten, dass Religionen viele Menschen dazu inspirieren, Sinn im Leben zu finden, nach moralischen Regeln zu leben, Gemeinschaft über den Egoismus zu stellen und sich für

Frieden und Gerechtigkeit auf dieser Erde einzusetzen. Je nach Standort wird dann der Wunsch nach mehr oder weniger Durchdringung der Welt mit Religiosität laut, aber alle beschäftigt die Frage: Welchen Einfluss werden Religionen auf die Welt von morgen haben?

Was ist Religion?

Sagt Ihnen die Bezeichnung „Det Missionerande Kopimistsamfundet" etwas? Unter diesem Titel wurde im Jänner 2012 in Schweden eine neue religiöse Gemeinschaft anerkannt. Diese „Missionarische Kirche des Kopimismus", wie man sie ins Deutsche übersetzt hat, bildet einen Zusammenschluss von Menschen, die sich der Nutzung von Internet-Tauschbörsen verschrieben haben. Als religiöse Insignien gelten die Tastenkombinationen Ctrl+C und Ctrl+V, als Hauptsymbol dient eine Pyramide mit einem großen C, und wo eine solche kleine Kopimisten-Pyramide aufgestellt wird, kann jeder Ort zu einem religiösen Ort werden. Das Credo der Kopimisten, die der damals 19-jährige schwedische Philosophie-Student Isak Gerson initiiert hat, besteht aus sechs Punkten: 1. Die Vervielfältigung von Informationen ist ethisch richtig. 2. Die Verbreitung von Informationen ist ethisch richtig. 3. Der Remix ist heiliger als die perfekte digitale Kopie, weil der Remix eine Kreuzkopie vieler Informationen ist. 4. Das Kopieren oder Remixen von Informationen einer anderen Person ist eine Respektsbekundung, ein starker Ausdruck von Akzeptanz und des kopimistischen Glaubens. 5. Das Internet ist heilig. 6. Code ist Gesetz.

Irgendetwas auf unserem Planeten ist wahrscheinlich fast jedem heilig, zum Beispiel der freie Markt, die schrankenlose Anhäufung von Geld, der Tierschutz, das eigene Volk, die eigene Familie, das eigene Heim, die eigene Freizeit, das gute Essen und so weiter und so fort. Mit „religiösem Eifer" stürzen sich Fanatiker für „ihren" Fußballklub in mitunter gewaltsame Auseinandersetzungen, mit ungeheurem Einsatz werden oft die Propheten des Klimawandels oder die Vertreter bestimmter Wirtschaftsmodelle attackiert oder unterstützt. Denn offenbar lässt sich aus allem eine Glaubensfrage – und offenbar auch eine Religion – machen. Es gibt Beispiele dafür, dass es sich weit mehr auszahlt, eine Religion und nicht nur einen profanen Verein zu gründen. So hat der kanadische Soziologe Stephen A. Kent 1999 im „Marburg Journal of Religion" aufgezeigt, wie fragwürdig zum Beispiel der Religionsstatus der von Ron Hubbard gegründeten „Scientology-Kirche" ist.

Was ist überhaupt eine Religion? „Woher komme ich? Wohin gehe ich? Was ist der Sinn meines Lebens?" Diese drei Fragen, die ins Zentrum herkömmlicher Religiosität führen, hat Kardinal Franz König, der langjährige Erzbischof von Wien, fast gebetsmühlenartig immer wieder artikuliert. Doch die Definition, bei Religion gehe es um die Verehrung eines Gottes oder mehrerer höherer Wesen, um die Fragen nach Woher und Wohin des Menschen und nach dem Sinn seines Lebens, verhält sich zur gegenwärtigen Realität wie der herkömmliche Familienbegriff zur Patchwork-Familie von heute. „Religion ja – Gott nein" – so hat schon vor Jahrzehnten der deutsche katholische Theologe Johann Baptist Metz in Anlehnung an die Parole „Jesus ja – Kirche nein" aus seiner Sicht eine sich damals ausbreitende Glaubenssituation in Europa auf den Punkt gebracht.

Ist alles, was sich dafür ausgibt, Religion – so wie alles, was sich dafür ausgibt, mit der Bezeichnung Kunst bedacht wird? Wie bei der Kunst könnte man dann nur noch zwischen guter und schlechter Religion unterscheiden, aber wer hätte das Recht dazu, solche Bewertungen vorzunehmen? Wer darf sich in unserer politisch korrekten Zeit noch anmaßen, Widerspruch gegen bestimmte Formen von Religiosität oder Kunstverständnis zu äußern? Warum soll nicht die Verehrung einer C-Pyramide als Religion akzeptiert sein, wenn man heutzutage die Ausstellung von mehr oder weniger stilvoll arrangierten Abfällen längst als Kunst akzeptiert hat?

Der traditionell religiöse Mensch glaubt an Gott oder jedenfalls an höhere Wesen, die Einfluss auf sein Leben haben können. Der moderne religiöse Mensch glaubt an alles Mögliche, seien es Sternkonstellationen, Modetrends, Techno-Sounds, Psycho-Techniken oder eben Kopiertasten. Letztere mögen zwar bis zu einem gewissen Grad auch Einfluss auf sein Leben haben, aber es ist mehr als zweifelhaft, ob sie die großen Fragen des Menschen nach dem Woher, dem Wohin und dem Sinn des Lebens beantworten. Der traditionell religiöse Mensch hofft auf ein Weiterleben nach dem Tod oder auf Erlösung aus einem Kreislauf des Leidens, auf eine ausgleichende Gerechtigkeit, auf Belohnung des Guten und Bestrafung des Bösen. Mahatma Gandhi zählte eine „Religion ohne Opferbereitschaft" zu den sieben großen sozialen Sünden der Moderne, für den traditionell religiösen Menschen haben Gebet und Opfer, hat die Hoffnung auf überirdischen Beistand große Bedeutung.

Religion ist keine Erfindung neuerer Zeiten. Sie begegnet uns bereits in Form von Grabbeigaben und Kultgegenständen aus der Urzeit der Menschheit, Entdeckungsreisende fanden Formen von Religion weitab von allem, was sie damals unter Kultur oder Zivilisation verstanden. Der Weg zu den heutigen Weltreligionen hat mit primitiven Kulten begonnen, mit Mythen und einfachen Jenseitsvorstellungen. Woran die Menschen in den alten Kulturen wirklich glaubten, das war möglicherweise individuell ähnlich unterschiedlich wie bei den Menschen von heute, doch in der Regel hatten Angehörige des gleichen Volkes die gleichen Kultobjekte.

Verehrung galt vor allem den als Gottheiten personifizierten Kräften und Phänomenen der Natur. Schließlich beanspruchten auch einzelne Herrscher göttliche Verehrung.

Von einer religiösen Weltkarte mit einigen großen, weltweit verbreiteten Glaubensgemeinschaften konnte damals natürlich noch keine Rede sein. In der Vielzahl von polytheistisch geprägten Kulturen vorchristlicher Zeit fiel schließlich das Judentum mit seinem Eingottglauben deutlich aus dem Rahmen. Mit seinem dann auch von den Christen erhobenen Anspruch, den einzig wahren Gott zu verehren, geriet es zwangsläufig mit anderen Kulturen in Konflikt. Der Prolog aus dem christlichen Johannes-Evangelium proklamierte klar die monotheistische Weltdeutung und den Glauben an einen Schöpfer, durch den alles geworden ist: „Im Anfang war das Wort und das Wort war bei Gott, und Gott war das Wort."

Missionierende Religionen im Konflikt

Zur Entwicklung einer Landkarte, auf der einzelne Religionen zunächst überregionale und dann sogar globale Bedeutung bekamen, trugen mehrere Faktoren bei. Auf der einen Seite lag es an wachsender Mobilität. Im Mittelmeerraum verließen in hellenistischer und römischer Zeit immer mehr Menschen freiwillig oder unfreiwillig – als Sklaven – das Stammgebiet ihres Volkes, nahmen aber zumindest zum Teil ihre traditionellen religiösen Gebräuche und Vorstellungen in ihre neue Heimat mit. Das galt dann vor allem für das nach der Zerstörung von Jerusalem im Jahre 70 an viele Orte zerstreute Judentum. Auf der anderen Seite spielte der Gedanke der Missionierung eine entscheidende Rolle. Durch das Jesus-Wort „Geht hinaus in alle Welt" fühlte sich das Christentum verpflichtet, die von Jesus verkündete Botschaft vom Anbrechen des Reiches Gottes tatsächlich in jedes Land der Erde zu tragen. Nicht unumstrittenen Überlieferungen zufolge missionierte schon der Apostel Thomas im Osten bis nach Indien, während im Westen der Apostel Jakobus im heutigen Santiago de Compostela in Spanien sein Grab gefunden haben soll. Grausame Verfolgungen konnten den Aufstieg des Christentums von einer jüdischen Sekte zur dominierenden Glaubensgemeinschaft im Römischen Reich nicht bremsen. Mit Kaiser Konstantin, der sich taufen ließ, kamen de facto die Christen an die Macht, unter Kaiser Theodosius errangen sie de iure den Status einer Staatsreligion. Heidnische Tempel und Rituale – so auch die antiken Olympischen Spiele – hatten offiziell im Herrschaftsbereich der späten römischen Kaiser keinen Platz mehr, weder im von Konstantinopel aus regierten Osten noch im von Rom aus regierten Westen. Als sich nach und nach auch germanische, keltische und slawische Völker dem neuen Glauben zuwandten, entwickelte sich Europa tatsächlich zum „christlichen Abendland".

Wie gewalttätig es dabei mitunter zuging, belegen etwa der von den Friesen ermordete Propagandist des Christentums namens Winfried oder Bonifatius oder das Hinschlachten sächsischer Stammesfürsten, die sich nicht „bekehren" lassen wollten, unter Karl dem Großen. Auf der einen Seite war das Christentum schon im frühen Mittelalter nicht homogen – so hingen etwa die Goten der von der katholischen Kirche als Häresie verurteilten Lehre des Arius an (für ihn überwog bei Christus die menschliche gegenüber der göttlichen Natur), so trennten sich nach dem Konzil von Chalcedon 451 die Altorientalen von der allgemeinen („katholischen") Kirche. Auf der anderen Seite hob das Christentum die Rivalitäten der einzelnen Völker nicht auf. So bekriegten einander auch die christlichen Völker, und daneben schlugen sich die Christen mit den Heiden und ab dem 7. Jahrhundert auch mit der neuen Weltreligion des Islam herum.

Die Muslime verdrängten beziehungsweise unterwarfen die Christen im Orient, in Nordafrika und auf der Iberischen Halbinsel, ihr Vormarsch ins Frankenreich konnte 732 von Karl Martell in der Schlacht bei Tours und Poitiers gestoppt werden. Die Auseinandersetzung zwischen Christentum und Islam, etwa in der Zeit der Kreuzzüge – mit kurzfristigen Landgewinnen der Christen im Nahen Osten –, während der „Reconquista" in Spanien oder auf dem Balkan, der nach dem Fall von Konstantinopel 1453 zum Großteil unter muslimische Herrschaft geriet, brachte ständige Veränderungen der religiösen Landkarte mit sich.

Auf die Verteilung auf dem ganzen Globus wirkte sich allerdings noch viel mehr die im 16. Jahrhundert einsetzende Missionstätigkeit der Christen in Übersee aus. Diese war freilich überschattet von einer brutalen Eroberungspolitik, die den indigenen Völkern und ihren ursprünglichen Religionen oft wenig bis keinen Platz mehr einräumte und den christlichen Glauben mehr mit Zwang als mit Überzeugungskraft ausbreitete. Zudem spiegelt die Missionsgeschichte die im 16. Jahrhundert erfolgte Spaltung des westlichen Christentums wider: Dominanz des Protestantismus in den anglophonen Kolonien, katholische Vorherrschaft dort, wo Franzosen, Spanier oder Portugiesen den Ton angaben.

Die großen asiatischen Weltanschauungen (Hinduismus, Buddhismus, Shintoismus, Konfuzianismus) blieben im Wesentlichen wie das orientalische und orthodoxe Christentum auf ihre Herkunftsgebiete beschränkt. Den an den Büchern von Mose orientierten Glauben der Juden praktizierten nur die – weit verstreut und ständig mit Anfeindungen lebenden – Angehörigen dieses Volkes.

So bedeutsam die Religion der Herrschenden für das jeweilige Land war, es kam durchaus vor, dass die Zugehörigkeit zu einer anderen Religion geduldet und nicht verfolgt wurde. Der Islam in Spanien und über lange Zeit auch auf dem Balkan und in Kleinasien agierte dabei toleranter als christliche Potentaten, die damals von Religionsfreiheit sehr wenig hielten. Vor allem aus dem in jahrhundertelangen Kämpfen wieder christianisierten Spanien sind Beispiele erschreckender Intoleranz gegenüber Juden und Muslimen überliefert.

Neue Frontstellungen

„Geben Sie Gedankenfreiheit!" Diese Aufforderung stammt aus dem 1787 in Hamburg uraufgeführten Drama „Don Karlos" von Friedrich Schiller und wird der nicht historischen Figur des Marquis von Posa als Appell an den spanischen König Philipp II. in den Mund gelegt, unter dessen eng mit der Inquisition verknüpfter Herrschaft im 16. Jahrhundert Abweichler vom römisch-katholischen Glauben mit strenger Verfolgung rechnen mussten. 200 Jahre später sind jene, die wie Posa nicht „Fürstendiener" sein, sondern eigene Meinungen äußern wollen, in Europa zahlreicher, mutiger und durchschlagskräftiger geworden. Naturwissenschaftliche Entdeckungen und eine sich von der Dominanz der Religion emanzipierende Philosophie haben den Boden bereitet. Mit dem Jahrhundert der Aufklärung ist ein neues Denken eingezogen, das die Rolle der herkömmlichen politischen und religiösen Institutionen in Frage stellt und am radikalsten in der Französischen Revolution von 1789 Ausdruck findet: Freiheit, Gleichheit, Brüderlichkeit lautet die Parole. Die oberen Stände, Adel und Geistlichkeit, sind zu Feindbildern geworden, in Frankreich geht es ihnen buchstäblich an den Kragen.

Auch der Papst ist nicht mehr unantastbar, der Kirchenstaat wird besetzt, den greisen Pius VI. verschleppt man in die französischen Alpen, wo er 1799 stirbt. Zwar ersteht der Kirchenstaat nach Napoleons Sturz neu, doch 1870 ist es mit ihm endgültig vorbei. Die Macht der späteren Päpste beruht auf ihrer geistlichen Autorität, ihr heutiger Sitz, der 1929 durch die Lateranverträge entstandene Vatikanstaat, ist das kleinste souveräne Territorium der Welt.

Im Europa des späten 18. Jahrhunderts wird Religion zur Privatsache erklärt. Das Verhältnis der christlichen Konfessionen untereinander wird durch Maßnahmen wie das Toleranzpatent von Kaiser Joseph II. auf eine neue Basis gestellt. In Preußen erklärt König Friedrich II. der Große, jeder möge „nach seiner Façon selig werden". Worum in den Jahrhunderten davor heiß gerungen worden ist – worin die wahre christliche Lehre besteht –, das soll nun nicht mehr gewaltsam entschieden werden. Das liegt auch auf einer Linie mit der berühmten Ringparabel in Gotthold Ephraim Lessings 1783 uraufgeführtem Drama „Nathan der Weise", die keiner Religion den Vorzug gibt, allenfalls jener, die über einen längeren Zeitraum durch liebevolle Praxis überzeugen kann.

Die Ideen des Humanismus und der Aufklärung, zu denen vor allem auch der Gedanke der Menschenrechte gehört, haben sich nur nach und nach – wobei es heftige Rückschläge durch autoritäre und totalitäre Regime gab – in Europa und Nordamerika durchgesetzt. Die Religionsfreiheit zählt natürlich – analog zur vom Marquis Posa geforderten „Gedankenfreiheit" – auch zu den Grundrechten, ihre Verwirklichung ist allerdings bis heute in vielen Ländern der Erde mit Konflikten verbunden. Das hängt oft damit zusammen, dass eine korrekte Trennung von Religion und Staat in sinnvoller Weise gar nicht so einfach gelingt. Das kann daran liegen, dass ein laizistisch oder atheistisch regierter Staat den Religionen möglichst wenig Spielraum zugestehen will, aber auch daran, dass die dominante Religion mit der Staatsführung eng kooperiert – in einer Art „Bündnis von Thron und Altar" – und Privilegien in Anspruch nimmt, die sie mit keiner anderen Gemeinschaft teilen will. Noch die Päpste des 19. Jahrhunderts Gregor XVI. und Pius IX. verurteilten entschieden Gewissens- und Meinungsfreiheit, das Zweite Vatikanische Konzil (1962 bis 1965) vollzog eine Wende. Heute stehen in erster Linie Staaten mit nichtchristlicher Mehrheit in der Frage der Religionsfreiheit auf der Bremse.

Auf die religiöse Landkarte wirkte sich im 20. Jahrhundert besonders die Machtübernahme religionsfeindlicher Regime in etlichen Ländern aus. Insbesondere im Osten Europas führte der Kommunismus zu einer Verringerung der bekennenden Gläubigen. Als im Deutschen Reich und in den vorübergehend von Hitlers Truppen eroberten Gebieten Millionen Juden der Shoah zum Opfer fielen, war das jedoch eindeutig eine rassistische, keine religiöse Aggression, auch getaufte Juden wurden nicht verschont.

Schon weit eher um Gewalt aufgrund von religiösen, aber natürlich auch aufgrund von alten nationalen Spannungen handelte es sich beim Genozid 1915/1916 an den christlichen Armeniern durch Truppen des Osmanischen Reichs, den die Türkei bis heute nicht als ihre historische Schuld akzeptieren will, oder bei den Wellen von Vertreibungen griechisch-orthodoxer Bürger aus der Türkei nach dem Ersten und Zweiten Weltkrieg.

Ganz sicher als Glaubenskrieger verstanden sich jedenfalls die aufständischen Muslime, die 1885 im Sudan Khartum eroberten und den britischen Gouverneur Lord Gordon samt seinen Truppen niedermetzelten. Über ihren Anführer, der den Dschihad, den Heiligen Krieg gegen die Ungläubigen, proklamierte, heißt es im Buch „Der Heilige Krieg", das der deutsche Historiker Guido Knopp mit anderen Experten herausgab: „Der Mann, der die Briten das Fürchten lehrte, hieß Muhammad Ahmad. In den Augen seiner Anhänger war er kein gewöhnlicher Mensch, sondern ein Gesandter Allahs, der ‚Mahdi'. Ähnlich wie die jüdische Religion kennt auch der Islam die Vorstellung eines Messias, der am Ende der Zeiten von Gott geschickt wird, um die Mächte des Guten in den Endkampf zu führen. Im Lauf der Geschichte wurden immer wieder Männer mit dieser Figur identifiziert. Aber keiner errang eine solche Machtfülle wie Muhammad Ahmad." Der Mahdi, den auch der deutsche Autor Karl May zur Titelfigur eines seiner Bücher machte, kann als Vorbild späterer aggressiver Islamisten angesehen werden. Sein Reich wurde zwar nach seinem Tod von den Briten unter Lord Kitchener noch einmal erobert, doch die Gefahr, die von religiös fanatisierten Menschen ausgeht, zeigte sein Beispiel deutlich auf.

Die religiöse Weltkarte ist, wie man sieht, im Lauf der Geschichte nie über längere Zeit stabil geblieben, verschiedene Faktoren, darunter oft rohe Gewalt, haben sie immer wieder verändert. Ihr derzeitiges Aussehen und die laufenden Prozesse, die einen Wandel herbeiführen könnten, verdienen eine eigene längere Betrachtung.

II. Kapitel
Anzeichen für einen „Clash of Religions"

Die religiöse Weltkarte zu Beginn des 21. Jahrhunderts

Es ist unmöglich, exakt zu sagen, wie viele Menschen gerade auf unserem Planeten leben, und ebenso ist niemand imstande, präzise Zahlen zum Religionsbekenntnis vorzulegen. Das hat viele Gründe, vor allem unzureichende Erhebungen in vielen Ländern sowie das Verschweigen der Weltanschauung infolge mangelnder Religionsfreiheit beziehungsweise aus Angst vor Diskriminierung oder zur Vermeidung von Abgaben an eine Religionsgemeinschaft, der man zwar angehört, die man aber aus verschiedenen Gründen nicht finanziell unterstützen will.

Etliche Länder, vor allem in Afrika, führen gar keine Religionsstatistiken, vor allem in islamischen Ländern liegt der wahre Prozentsatz der nicht der Mehrheitsreligion Zugehörigen meist über den offiziellen Angaben und die Zahlen aus den Staaten des ehemaligen Ostblocks beruhen mitunter auf veralteten Statistiken.

Entsprechend unterschiedlich und voneinander abweichend sind folglich auch die Zahlen, die diverse Institutionen – meist aufgrund von Daten, die bereits fünf und mehr Jahre zurückliegen

– zu diesem Thema veröffentlichen. Alle Aufstellungen sind demnach mit Vorsicht zu genießen, auch die im CIA World Factbook von 2010, die aber doch die Größenordnungen der wichtigsten Weltanschauungen einigermaßen treffen dürfte: 33,32 Prozent Christen, 21,01 Prozent Muslime, 13,26 Prozent Hindus, 5,84 Prozent Buddhisten sowie 12,84 Prozent Anhänger anderer (vorwiegend ethnischer und neuer) Religionen und 14,09 Prozent Areligiöse.

Vergleicht man die Anteile der Religionen an der Weltbevölkerung mit den Ende 2011 vom „International Bulletin of Missionary Research“ (New Haven, Connecticut, USA) im „Status of Global Mission 2012“ genannten Zahlen des Jahres 1900, so hat das Christentum (damals 34,5 Prozent) an Boden verloren, der Islam (damals 12,4 Prozent) und die Areligiösen und Atheisten (damals offiziell nur 0,2 Prozent) haben hingegen enorm zugelegt. Einen Zuwachs verzeichneten seither auch die Hindus (damals 12,5 Prozent) und neue Religionen (damals 0,4 Prozent), hingegen sank der Anteil der Buddhisten (damals noch 7,9 Prozent) und vor allem jener der Anhänger von ethnischen Religionen (damals noch 7,3 Prozent) beträchtlich. Zu einem ähnlichen Ergebnis kommt die World Christian Encyclopedia (Barrett et. al. 2001). Sie schätzt für 2010 folgende Verteilung im Vergleich zur Situation vor 100 Jahren (1910): Christentum 33,2 Prozent (1910: 34,8), Islam 22,4 Prozent (12,6), Buddhismus 6,8 Prozent (7,8), Hinduismus 13,7 Prozent (12,7).

Sofern die Berechnungen der Demographen stimmen, hat die Weltbevölkerung im Jahr 2011 die Sieben-Milliarden-Marke überschritten. Laut dem „Status of Global Mission 2012“, der bereits von 7,05 Milliarden Erdenbürgern ausgeht, sehen die für Mitte 2012 geschätzten Zahlen für die größten Glaubensgemeinschaften so aus: 2,33 Milliarden Christen (davon 2,21

Milliarden Mitglieder einer Kirche), 1,58 Milliarden Muslime, 969 Millionen Hindus, 473 Millionen Buddhisten, 467 Millionen Anhänger der traditionellen chinesischen Religion, 264 Millionen Anhänger ethnischer Religionen. Ferner wird zwischen 661 Millionen Agnostikern und 136 Millionen Atheisten unterschieden. Auf neue Religionen entfallen 63 Millionen Gläubige, weiters werden an die 25 Millionen Sikhs und fast 15 Millionen Juden aufgelistet.

Unter den Christen, der nach wie vor größten Religionsgemeinschaft, bildet die römisch-katholische Kirche mit ungefähr 1,2 Milliarden Gläubigen (etwa 17 Prozent der Menschheit) die mit Abstand größte Einheit. Im päpstlichen Jahrbuch „Annuario Pontificio" für 2012 wurde für das Jahr 2010 eine Steigerung der Katholikenzahl um 1,3 Prozent gegenüber dem Jahr davor und eine geschätzte Zahl von 1,196 Milliarden verlautbart. Der „Status of Global Mission 2012" weicht mit 1,188 Milliarden nur gering von dieser Einschätzung ab und nennt für die großen Blöcke anderer christlicher Konfessionen, die bekanntlich in eine Vielzahl von Gruppierungen gespalten sind, folgende Zahlen: 433 Millionen Protestanten, 359 Millionen Angehörige von Freikirchen, 277 Millionen Orthodoxe, 90 Millionen Anglikaner und 37 Millionen weitere Christen. Als am stärksten wachsende Gruppen innerhalb des Christentums gelten die Pfingstbewegung und die Charismatische Bewegung, deren Angehörige zum Teil auch innerhalb der etablierten Kirchen tätig sind und im „Status of Global Mission 2012" auf 612 Millionen geschätzt werden. Die weltweite Gesamtzahl der praktizierenden Mitglieder in allen Konfessionen, in dieser Quelle als „Great Commission Christians" bezeichnet, wird dort mit nahezu 700 Millionen, das wäre fast ein Drittel, angegeben.

Als Gesamtheit hat der Islam in den letzten Jahren die Katholiken deutlich überflügelt. Das hat auch der Vatikan-Statistiker Monsignore Vittorio Formenti bereits im März 2008 in einem Interview mit dem „L'Osservatore Romano" mit Bezug auf die Zahlen von 2006 bestätigt und so erklärt: „Während es in muslimischen Familien, wie man weiß, viele Kinder gibt, tendieren christliche Familien dazu, immer weniger Kinder zu haben." Dies gilt zwar nicht für alle Länder, kennzeichnet aber den globalen Trend. Laut dem Ende 2011 vom „International Bulletin of Missionary Research" (New Haven, Connecticut, USA) publizierten „Status of Global Mission 2012" nimmt die römisch-katholische Kirche pro Tag um etwa 34.000 Personen zu, der Islam hingegen um rund 79.000.

Auch der Islam ist bereits seit der Zeit der ersten Kalifen in verschiedene Richtungen gespalten. Die mit Abstand größte Gruppe bilden die Sunniten, denen statistisch oft 85 Prozent aller Muslime zugerechnet werden. Die Schiiten, deren Anteil an den Muslimen oft höher eingeschätzt wird als die verbleibenden 15 Prozent, stellen nur in einzelnen Ländern wie dem Iran die Mehrheit der Muslime. Eine weitere, zahlenmäßig nicht mehr bedeutende Richtung sind die Charidschiten.

Der schiitischen Richtung werden die Nusairier oder Alawiten, die zumindest noch 2012 in Syrien Anteil an der Macht hatten, und die in der Türkei beheimateten Aleviten, die in Österreich seit Dezember 2010 als eigene Religion anerkannt sind, zugeordnet. Die Aleviten befürworten die Gleichberechtigung der Frauen und unterstützten in der Türkei Kemal Atatürk bei seiner laizistischen Politik einer Trennung von Staat und Religion. Ihre Zahl soll nach inoffiziellen Angaben in der Türkei 23 Millionen (von insgesamt 75 Millionen Türken) und weltweit 80 Millionen, das wären 5 Prozent aller Muslime, betragen.

Auch die asiatischen Religionen haben keineswegs Einheitscharakter. Sowohl der Hinduismus als auch der Buddhismus sind in unterschiedliche Traditionen und Schulen gegliedert. Es gibt keine zentralen Instanzen zur exakten Festlegung der Glaubenslehre. Auch die relativ große Zahl von Anhängern traditioneller chinesischer Religionen verteilt sich auf Taoismus, Konfuzianismus und andere Richtungen, darunter auch Naturreligionen. In Asien stellt sich außerdem die Frage, ob auf so manche Weltanschauung nicht eher der Begriff Philosophie als die Bezeichnung Religion zutrifft. Die barbarische Zerstörung der historischen Buddhastatuen von Bamiyan in Afghanistan hat jedenfalls gezeigt, dass zumindest die fanatischen muslimischen Taliban darin in Konkurrenz zu ihrem Gott stehende „Götzenbilder" und keine Denkmäler eines Philosophen sahen.

Bemerkenswert ist, dass die meisten religiösen Menschen von heute Anhänger sehr alter Religionen sind, darunter auch die etwa 15 Millionen Juden, die nur im Staat Israel in der Mehrheit sind. Die mutmaßlich an die 25 Millionen Sikhs führen ihre aus dem 15. Jahrhundert stammende Lehre auf den indischen Wanderprediger Guru Nanak zurück. Glaubensrichtungen, die in den beiden letzten Jahrhunderten entstanden sind, zum Teil im Umfeld der Weltreligionen, kamen in der Regel nicht über eine Abqualifizierung als „Sekte" hinaus und brachten es zumindest bisher nicht auf sehr große Mitgliederzahlen. Wenn die im „Status of Global Mission 2012" geschätzte Gesamtzahl von 63 Millionen Anhängern neuer Religionen annähernd stimmt, so sind gewisse Zweifel an den Angaben mancher dieser Glaubensgemeinschaften über ihre Mitgliederzahlen angebracht.

Die 1863 in den USA gegründete „Freikirche der Siebenten-Tags-Adventisten", die am Christentum orientiert ist, aber den Sabbat (Samstag) statt des Sonntags als Ruhetag ansieht, soll 17

Millionen Mitglieder haben. Die „Kirche Jesu Christi der Heiligen der letzten Tage" (Mormonen), 1830 von Joseph Smith in den USA ins Leben gerufen, hat nach eigenen Angaben 13 Millionen Gläubige, bildet die Mehrheit im US-Bundesstaat Utah und stellte 2012 mit Mitt Romney immerhin den republikanischen Kandidaten für die US-Präsidentschaft. Auf über 10 Millionen Anhänger will es die im späten 19. Jahrhundert in Hamburg entstandene Neuapostolische Kirche gebracht haben. Die 1881 als Bibelforscher-Vereinigung gegründeten „Zeugen Jehovas" geben die Zahl ihrer Mitglieder mit 7,5 Millionen an.

Ungefähr eine Größenordnung von an die 8 Millionen dürften auch die aus dem Iran stammenden und vor allem dort unter Verfolgung leidenden Bahai erreicht haben. Mit welcher Vorsicht all diese Zahlen zu behandeln sind, zeigt sich am Beispiel der umstrittenen, in Deutschland vom Verfassungsschutz beobachteten Organisation Scientology, die sich selbst als Kirche mit weltweit 10 Millionen Anhängern darstellt, laut anderen Quellen aber eher als Wirtschaftsunternehmen mit lediglich 150.000 Mitgliedern zu betrachten ist. Auch der medial zeitweise stark wahrgenommenen „Vereinigungskirche" des Koreaners Sun Myung Moon (1920–2012) dürften global nur etwa 200.000 Personen angehören, in Österreich bekannten sich bei der Volkszählung 2001 nur 297 Personen zu dieser Religion. In ähnlichen Größenordnungen dürfte es rund um den Erdball noch viele Bekenntnisgruppen geben.

Die Anhänger all dieser Religionen sind auf der Welt keineswegs gleichmäßig, sondern höchst unterschiedlich verteilt. Der Blick auf die einzelnen Kontinente zeigt Mehrheitsverhältnisse und Spannungen zwischen den einzelnen Weltanschauungen auf. Die religiöse Weltkarte ist durch mehrere Faktoren in Bewegung – durch Migration und Geburtenraten, aber auch durch Gewalt und Unterdrückung, durch Verfolgung und Diskriminierung Andersdenkender. Das kann blutige Konflikte auslösen, aber auch zu Massenauswanderungen führen. In den letzten Jahren häuften sich jedenfalls Medienberichte, die eine Reihe von Regionen als religiöse Brennpunkte des 21. Jahrhunderts offenbarten.

Europa: Abschied vom christlichen Abendland

Der Muezzin ruft vom Balkon des Petersdoms in Rom zum Gebet, die Pariser Kathedrale Notre-Dame hat man zu einer Hagia Sophia an der Seine umgewandelt, eine große christliche Kirche ist ein islamisches Museum geworden. Diese Vorstellung von einem künftigen Europa hat der amerikanische Theologe und Publizist George Weigel, Autor der meistverkauften Biographie über Papst Johannes Paul II. („Zeuge der Hoffnung"), im Jahr 2006 in seinem Buch „The Cube and the Cathedral" entworfen, sein amerikanischer Kollege Philip Jenkins zitierte sie in seinem Werk „Gottes Kontinent?" mit dem Untertitel „Über die religiöse Krise Europas und die Zukunft von Islam und Christentum". Jenkins verweist darauf, dass manche Beobachter Europa „in großem Stil auf dem Weg in die muslimische Welt" oder als künftigen Teil „Eurabiens" sehen. Und Jenkins schreibt weiters: „Der in Ägypten geborene jüdische Schriftsteller Bat Ye'or stellt sich Eurabien als aufsteigenden, vorherrschend muslimischen Subkontinent vor, auf dem die verbliebenen Christen und Juden im besten Fall einen dürftigen Status zweiter Klasse genießen dürften, eine Außenseiterstellung als Dhimmis."

Noch ertönt nicht der Ruf des Muezzins von altehrwürdigen europäischen Kirchen, aber der „Ruf des Sarrazin" (so Rudolf Mitlöhner am 2. September 2010 in der Wiener Wochenzeitung „Die

Furche") hat großen Widerhall gefunden. Der ehemalige deutsche Politiker und Banker Thilo Sarrazin sprach in seinem Buch „Deutschland schafft sich ab", dessen oft primitive Argumentation zu Recht viel Kritik geerntet hat, die Sorge vieler Europäer aus: „Ich möchte nicht, dass das Land meiner Enkel und Urenkel zu großen Teilen muslimisch ist, dass dort über weite Strecken türkisch und arabisch gesprochen wird, die Frauen ein Kopftuch tragen und der Tagesrhythmus vom Ruf der Muezzine bestimmt wird."

Auf dem geografischen Gebiet Europa leben über 700 Millionen Menschen, davon in den 27 Ländern der Europäischen Union knapp über 500 Millionen. Mit den auf asiatischem Gebiet lebenden Einwohnern Russlands und der Türkei beherbergten alle 51 europäischen Territorien 2010 laut Schätzung der Vereinten Nationen (Department of Economic and Social Affairs) rund 812 Millionen Menschen. Diese Einrichtung prognostizierte für die Jahre 2010 bis 2060 einen Anstieg der Weltbevölkerung um 39,4 Prozent, nur für Europa wird ein Bevölkerungsverlust von 4,9 Prozent angenommen. Am meisten dürften davon Russland, die Ukraine und Deutschland betroffen sein, während Großbritannien dann voraussichtlich der bevölkerungsreichste EU-Staat sein werde (außer es kommt zur Aufnahme der Türkei in die EU). Schon bis 2050 würde Frankreich Deutschland in der Einwohnerzahl überholen. Diese Entwicklung, zu der Geburtenraten und Migration beitragen, wird sich voraussichtlich auch auf die Verteilung der Religionen auswirken, sinkende Einwohnerzahlen in Osteuropa bedeuten vor allem weniger orthodoxe Christen, steigende Einwohnerzahlen in starken Zuwandererländern mehr Muslime.

Dass sich die religiöse Landkarte Europas durch eine starke Zuwanderung aus anderen Weltregionen, insbesondere aus der islamischen Welt, seit einigen Jahrzehnten verändert, ist nicht zu bestreiten. Der Name „christliches Abendland", wie Europa lange Zeit und nicht zu Unrecht als Gegenpol zum islamischen Morgenland bezeichnet worden ist, wird von den Bewohnern des Erdteils heute eher nur noch unter Anführungszeichen in den Mund genommen. Die christlichen Europäer können und die nichtchristlichen Europäer wollen diesen Kontinent nicht mehr unter diesem Titel sehen. Laut neuesten Schätzungen gehören formal um die 75 Prozent der Europäer einer christlichen Kirche an, mehr als 6 Prozent bekennen sich zum Islam (die meisten davon leben im europäischen Teil Russlands), während 17 Prozent konfessionslos sind und der Rest sich auf andere Religionen verteilt.

Die offizielle Zugehörigkeit zu einer Religion sagt aber natürlich nicht alles, denn laut der Europäischen Wertestudie (EWS) bezeichnet sich rund ein Drittel der Europäer als unreligiös, 5 Prozent deklarieren sich als überzeugte Atheisten. Vor allem in Großstädten sind die Christen schon seit geraumer Zeit in der Minderheit. Und die Glaubensintensität der Kirchenmitglieder ist von Konfession zu Konfession verschieden. Im von Regina Polak herausgegebenen Österreich-Band zur EWS „Zukunft. Werte. Europa" heißt es: „Auf einen Katholiken, der an Gott glaubt, kommen 0,25 Protestanten und 2,5 Orthodoxe."

Die häufigste Bejahung der Frage „Glauben Sie an Gott?" registrierte die EWS in folgenden Ländern: Kosovo (100 Prozent), Türkei (99), Georgien (99), Malta (99) Nord-Zypern (98), Moldawien (98), Zypern (98), Rumänien (98), Armenien (97), Polen (96) und Bosnien-Herzegowina (96). Mit Ausnahme von Malta und Polen sind das muslimisch oder orthodox dominierte Länder, wie sie auch auf den folgenden Plätzen rangieren: Mazedonien (95), Albanien (94), Griechenland (93), Serbien (92) oder die Ukraine (90). Gut bis mittel schneiden einige mehrheitlich katholische Länder wie

Italien (91), Irland (90), Litauen (87), Portugal (86), die Slowakei (81), Österreich (80), Spanien (76) und die Schweiz (75) ab. Von Nordirland (92) abgesehen, ist der Gottesglaube in protestantisch geprägten Staaten eher schwach. Am Ende der Tabelle scheinen auf: Großbritannien (65), Deutschland (63), Dänemark (63), Belgien (61), Niederlande (58), Norwegen (56), Frankreich (52), Estland (48), Schweden (45) und schließlich abgeschlagen Tschechien, wo sich nur 36 Prozent zum Glauben an Gott bekannten.

Die demographische Entwicklung (weniger Christen, mehr Muslime und Areligiöse) macht Europa zunehmend zum Spannungsfeld zwischen den verschiedenen Weltanschauungen. Wie Thilo Sarrazin erweckt eine ganze Reihe von Buchautoren in den letzten Jahren den Eindruck, in etlichen Ländern Europas werde es schon in wenigen Jahrzehnten eine muslimische Mehrheit geben. Einer der militantesten ist Udo Ulfkotte, ein deutscher Sicherheitsfachmann und ehemaliger Mitarbeiter der „Frankfurter Allgemeinen Zeitung" im Nahen Osten. Er schreibt in seinem Buch „SOS Abendland": „Europa wird mehr und mehr zu einer arabischen Kolonie verkommen. Die europäische Einwanderungspolitik und die Propaganda der Regierungen, den Islam als ‚Bereicherung' zu empfinden, haben eine neue Generation von Menschen hervorgebracht, die tief gespalten ist ... Die Bürger sehen, wie um jede neue Moschee, die sie nach dem Willen der Politik demütig begrüßen müssen, neue islamische Ghettos entstehen, in denen die europäische Kultur verdrängt wird." Indem Ulfkotte Studien über die Gewaltbereitschaft eines hohen Prozentsatzes der jungen Muslime zitiert, suggeriert er, dass der „Clash of Religions" bereits in vollem Gange ist. In Deutschland halte ein Fünftel islamischer Jugendlicher Gewalteinsatz zur Verbreitung und Durchsetzung des Islam für gerechtfertigt, in Großbritannien seien es laut einer Studie vom 27. Juli 2008 sogar 32 Prozent.

Auch Philip Jenkins zitiert Studien, die vor allem in Großbritannien und Deutschland extreme muslimische Haltungen orten, aber auch die Pew Global Attitudes Studie von 2006, wonach „71 Prozent der spanischen und 72 Prozent der französischen Muslime keinen Konflikt zwischen einem Leben als frommer Muslim und dem Leben in einer modernen Gesellschaft sahen; bei den deutschen Muslimen waren es 57 Prozent, allerdings nur 49 Prozent bei den britischen". Jenkins berichtet auch über die Ergebnisse von Straßeninterviews mit europäischen Muslimen nach der Ermordung des niederländischen Filmemachers Theo van Gogh am 2. November 2004, der wiederholt Christen, Juden und vor allem Muslime provokant verspottet hatte: „In Deutschland und Frankreich zeigten sich viele der Befragten nur wenig überrascht über das, was sie als gerechtfertigte Vergeltung für die rüden Angriffe van Goghs auf ihre Religion betrachteten: ‚Wenn man den Islam beleidigt, muss man dafür bezahlen', war eine typische Antwort."

Glaubt man Ulfkotte, so ziehen zunehmend islamische Banden, die meinen, sich gegenüber den „Ungläubigen" alles erlauben zu können, plündernd und vergewaltigend durch europäische Lande – weshalb zum Beispiel in Skandinavien schon viele Mädchen ihre blonden Haare dunkel färben –, genössen aber etwa in Großbritannien Sonderrechte. Das damalige Oberhaupt der anglikanischen Kirche, Erzbischof Rowan Williams von Canterbury, hat im Februar 2008 öffentlich angeregt, in Großbritannien Teile der Scharia einzuführen, um die Teilung der Gesellschaft und die zunehmende Gewalt zwischen den unterschiedlichen ethnischen Gruppen zu verhindern.

„Viele Moslems glauben, dass Europa von Großbritannien aus islamisiert werden wird", schreibt Ulfkotte, führt zahlreiche Indizien dafür an, wie sich der Islam dort ausbreitet, und wirft ihm vor, hinter einer friedlichen Fassade den Kampf um die Macht vorzubereiten: „Am 8. September 2007 lasen die Briten in nicht zu übersehenden Lettern eine Schlagzeile im Flaggschiff der Medienlandschaft, der ‚Times', die Unglaubliches verkündete. Da teilte einer der renommiertesten Moslem-Führer den Lesern mit, was Politiker und Medienvertreter um keinen Preis hören wollten: ‚Our fellowers must live in peace until strong enough to wage Jihad'. Übersetzt heißt das, die Moslems im Land sollen sich so lange friedfertig verhalten, bis sie stark genug sind für den Dschihad. Es war Muhammad Taqi Usmani, der sich mit diesen Worten zitieren ließ. Muhammad Taqi Usmani ist für die sunnitischen Muslime dieser Welt einer der bedeutendsten Religionsgelehrten."

Für die Zeit um 2020 malt Ulfkotte mit Berufung auf eine Studie der amerikanischen CIA (Central Intelligence Agency) „Unregierbarkeit" und „Bürgerkriege" in europäischen Ballungszentren an die Wand, und zwar in den Niederlanden, Belgien, Frankreich, Großbritannien, Dänemark, Schweden und Italien: „Die CIA behauptet vor diesem Hintergrund, dass Teile Europas ‚implodieren' und die Europäische Union in ihrer derzeit bekannten Form wohl auseinanderbrechen werde." Er zitiert den britischen Islam-Experten Bernard Lewis, der in einem Interview mit der Zeitung „Die Welt" erklärte: „Europa wird islamisch, die Christen werden zur Minderheit." Laut Ulfkotte werde das in wenigen Jahrzehnten der Fall sein, als erstes Land werde angesichts der dortigen Geburtenraten wahrscheinlich Schweden im Jahre 2040 eine islamische Mehrheit haben.

Der „Pravda" vom Juli 2008 entnimmt Ulfkotte, Russland werde „um das Jahr 2050 herum ein mehrheitlich islamisches Land sein". Philip Jenkins sieht in Russland sogar die „schärfste islamische Herausforderung" und schreibt: „Bei Berichten über gegenwärtige religiöse Konflikte wird selten über Russland diskutiert, weil seine muslimische Bevölkerung sich weitgehend auf Regionen konzentriert, die vom Zentrum des Landes weit entfernt sind ... In Russland gibt es gegenwärtig zwischen 15 und 20 Millionen Muslime bei einer Gesamtbevölkerung von 143 Millionen, was 10 bis 14 Prozent der Bevölkerung entspricht. Es gibt im Land so viele Muslime wie in ganz Westeuropa und beinahe so viele Moscheen (5000 in Russland, 6000 in Westeuropa)." Nirgends in Westeuropa sei die Kluft zwischen den Geburtenraten von Muslimen und Nichtmuslimen so deutlich wie in Russland.

Die sinkenden Geburtenraten in Europa veranlassen Jenkins zu drastischen Aussagen: „In demographischer Hinsicht scheint Europa ein in der Geschichte beispielloses selbstzerstörerisches soziales Experiment gestartet zu haben, das manche Selbstgenozid in Zeitlupe nennen. Um ihre Bevölkerungszahlen aufrechtzuerhalten, muss eine Gesellschaft eine Fruchtbarkeitsrate von insgesamt 2,1 Kindern pro Frau aufweisen ... Heute melden die europäischen Staaten einige der niedrigsten jemals registrierten Geburtenraten. ... Die deutsche Geburtenrate liegt bei insgesamt 1,39, unterschreitet aber sogar in einigen Gebieten die 1,0-Marke und liegt damit tiefer als jene im schlimmen letzten Jahr des Zweiten Weltkriegs. ... Prognosen für etwa die nächsten 30 Jahre lassen auf einen absoluten Bevölkerungsschwund in Europa schließen, der schlimmer sein wird als jener, den Hitlers Krieg ausgelöst hat. Italien könnte bis 2050 ein Fünftel seiner Bevölkerung verlieren."

Jenkins zitiert auch den bekannten Historiker Niall Ferguson, der die größte Stärke des radikalen Islamismus darin sieht, dass dieser die Demographie auf seiner Seite habe: „Die westliche Kultur, der er den heiligen Krieg erklärt hat, kann sich unter keinen Umständen mit der Fortpflanzungsstärke traditioneller muslimischer Gesellschaften messen."

„Die letzten Tage von Europa" sieht auch der renommierte jüdische Zeithistoriker Walter Laqueur im Titel eines Buches gekommen, der Kontinent verändere zunehmend sein Gesicht und sollte sich den Realitäten stellen: „Die Debatte sollte der Frage gelten, welche Traditionen und Werte Europas noch zu retten sind, noch gerettet werden sollten, und nicht Visionen von Europa als leuchtendem Vorbild für die ganze Menschheit, als moralischer Supermacht des 21. Jahrhunderts. Das Zeitalter der Illusionen ist vorbei. Sollte jemand das noch bezweifeln, so sollte er oder sie sich durch Berlin-Neukölln, durch La Courneuve im Großraum Paris, durch die Innenstadt von Bradford oder das eine oder andere Londoner Viertel führen lassen." Dort zeige sich, „wie es bald in vielen Teilen Europas aussehen wird. Auch diese Viertel werden sich wahrscheinlich verändern, aber das wird ein sehr langsamer Prozess sein, und am Ende wird ein Europa stehen, das sich von dem, das wir kennen und schätzen, stark unterscheiden wird."

Für den Fall muslimischer Mehrheiten in europäischen Ländern erwartet Laqueur Spannungen und Konflikte, denn die muslimischen Religionsgesetze und Sitten seien für Nichtmuslime inakzeptabel und Toleranz gegenüber „Ungläubigen" sei kein Merkmal muslimischer Gesellschaften: „Den christlichen Armeniern ist es in der Türkei nicht allzu gut ergangen, auch den Kopten in Ägypten oder den Bahai im Iran nicht, nicht einmal den Schiiten oder der Ahmadija oder den Ismaeliten in Pakistan, obwohl es sich hier um Muslime handelt. Der Status der Christen in Indonesien, einem der tolerantesten muslimischen Länder, ist nach wie vor prekär, wie auch der Status der Chinesen in Malaysia. Sollte sich dies nicht im Lauf der nächsten Jahrzehnte ändern, sind die Aussichten für eine friedliche Koexistenz in Europa eher trübe, und einseitige Toleranz funktioniert, wie die Erfahrung gezeigt hat, leider nicht."

Wie stehen kompetente Demographen zu der Ansicht, der Islam werde in wenigen Jahrzehnten die Mehrheit der europäischen

Bevölkerung stellen? Wolfgang Lutz, der seit 1994 das Weltbevölkerungsprogramm am Internationalen Institut für Angewandte Systemanalyse (IIASA) in Laxenburg bei Wien und seit 2002 das Institut für Demographie der Österreichischen Akademie der Wissenschaften leitet, sagte im September 2012 im Gespräch mit der „Wiener Zeitung": „Das ist aus der Luft gegriffen, von einer Mehrheit kann keine Rede sein, selbst nicht in den extremsten Szenarien, selbst nicht mit massivstem Zuzug, der ja gar nicht mehr vorhanden ist."

Das Pew Research Center erwartet in einer Studie („The Future oft the Global Muslim Population", 27. Jänner 2011) bis 2030 eine Steigerung des muslimischen Anteils in Europa von 6 auf 8 Prozent, von rund 44,1 auf etwa 58,2 Millionen Menschen. Die höchsten Zuwachsraten, in einigen Ländern nahezu eine Verdoppelung, werden für West- und Nordeuropa prognostiziert: in Großbritannien von 4,6 auf 8,2 Prozent, in Österreich von 5,7 auf 9,3, in Schweden von 4,9 auf 9,9, in Belgien von 6 auf 10,2, in Frankreich von 7,5 auf 10,3. Muslime werden dann voraussichtlich in zehn europäischen Ländern mehr als 10 Prozent der Bevölkerung ausmachen: Kosovo (93,5 %), Albanien (83,2 %), Bosnien-Herzegowina (42,7 %), Mazedonien (40,3 %), Montenegro (21,5 %), Bulgarien (15,7 %), Russland (14,4 %), Georgien (11,5 %), Frankreich (10,3 %) und Belgien (10,2 %).

Natürlich müsse man auch auf die Geburtenraten schauen, betont Lutz, und da zeige sich bei der zweiten Generation der Zuwanderer eine deutliche Anpassung an das europäische Niveau: „Der Haupterklärungsgrund ist einfach die Bildung. Der Grund, warum Einwanderer aus Anatolien so viele Kinder hatten, ist, dass sie mit geringer Bildung aus sehr ländlichen Gebieten gekommen sind. Das ist vergleichbar bei uns mit den Bergdörfern zu Beginn des vorigen Jahrhunderts, die Menschen dort haben auch sehr viele Kinder gehabt. Aber innerhalb einer Generation passen sie sich an die Geburtenraten und den Lebensstil der neuen Gesellschaft an.“

Diesen Trend sieht Lutz auch in der islamischen Welt selbst: „Was die wenigsten wissen: Das Land, das den stärksten Geburtenrückgang der bisherigen Menschheitsgeschichte überhaupt hatte, ist die Islamische Republik Iran. Die hatten dort im Jahr 1984 noch sieben Kinder und heute haben sie so wenig wie Europa, also 1,6 bis 1,7. Der Hintergrund ist die höhere Bildung der Frauen, die das dortige Mullah-Regime durchaus gefördert hat, und Familienplanung, denn im Koran heißt es, man soll nur so viele Kinder haben, wie man es sich leisten kann.“

Hohe Kinderzahlen kennzeichnen aus der Sicht von Lutz patriarchalische Gesellschaften mit traditionellen Normen, die auch für das Europa des 19. Jahrhunderts typisch waren.

In einer 2012 von der Päpstlichen Akademie für Sozialwissenschaften publizierten Studie weisen Lutz und sein IIASA-Kollege Vegard Skirbekk darauf hin, dass neben niedrig gebildeten Gesellschaften auch Menschen mit hoher Religiosität dazu neigen, mehr Kinder zu haben. Der Anteil religiöser Menschen an der Gesamtbevölkerung werde deshalb, so Lutz, voraussichtlich nicht dramatisch sinken, da doch relativ viele Kinder die Einstellungen aus ihrem Elternhaus für den Rest ihres Lebens mitnehmen. Zwar kehre ein gewisser Anteil der Kinder der Religion ihrer Eltern den Rücken, aber Lutz sieht die Demographie doch in der Lage, relativ verlässliche Prognosen über Religionen zu machen: „Religionszugehörigkeit ist eine relativ stabile Eigenschaft. Wir wissen, dass es Austritte aus Religionen gibt, Eintritte schon weniger und Übertritte noch viel weniger. Das lässt sich relativ sicher in die Zukunft berechnen.“

Asien und Afrika: Sinnsucher und Glaubenskrieger

„Wir haben uns immer wieder gefragt, was denn die Vorherrschaft des Westens über den Rest der Welt wirklich begründet hat. Wir haben alles studiert, was wir an historischen, politischen, wirtschaftlichen und kulturellen Konzepten gefunden haben. Zuerst dachten wir, sie hätten die besseren Gewehre gehabt. Dann dachten wir, sie hätten das bessere politische System. Dann konzentrierten wir uns auf ihr Wirtschaftssystem. Doch in den vergangenen zwanzig Jahren haben wir erkannt, dass das Herz ihrer Kultur ihre Religion ist: das Christentum. Deshalb ist der Westen so mächtig gewesen. Die christlichen moralischen Grundlagen des sozialen und kulturellen Lebens waren es, die das Entstehen des Kapitals und der Industrie ermöglicht haben und dann den Übergang zur Demokratie. Daran zweifelt bei uns niemand mehr." David Aikman, früher Leiter des Pekinger Büros des amerikanischen Nachrichtenmagazins „Time", zitiert in seinem Buch „Jesus in Beijing" diese bemerkenswerte Aussage eines chinesischen Wissenschafters, der deutsche Journalist Hanspeter Oschwald hat sie in sein Buch „Maos fromme Enkel" übernommen.

Wenn von Religion in Asien die Rede ist, denken die meisten zunächst an den Islam in Vorderasien oder an die Hindus in Indien, weniger an den bevölkerungsreichsten Staat der Erde China, in dem rund 1,34 Milliarden Menschen leben, fast ein Drittel der etwa 4,18 Milliarden Asiaten. Im „Reich der Mitte" findet, wie Oschwald schreibt, ein großer Umbruch statt: „Das Christentum könnte in diesem Prozess der Veränderungen jedenfalls eine größere Rolle spielen, als sich die meisten bis heute vorzustellen wagen." Denn die Chinesen sind weitgehend vom Kommunismus enttäuscht, und auch die alten chinesischen

Lehren haben an prägender Kraft verloren. Oschwalds Diagnose lautet: „Irgendwie hat China die Selbstsicherheit einer alten Kulturnation verloren und sondiert im weltweiten Angebot der Ideologien und Religionen nach brauchbaren Inhalten, die das Vakuum füllen können."

Aikman meinte am Ende seines Buches, „die Chinesen könnten bald die besten Verbündeten der USA gegen den Islam sein. Das Christentum dürfte entscheidend für den Aufstieg des Westens gewesen sein und werde es nun für China." Aikman beobachtete, wie Oschwald schreibt, „dass bei näherem Hinsehen überall in der chinesischen Gesellschaft, sogar in der heftig umstrittenen neokapitalistischen Wirtschaft, Christen führende Positionen einnehmen". Es sind oft „Menschen, die weder getauft sind noch irgendeiner Kirche angehören, sondern die sich einfach an christlichen Gedanken und christlichem Verhalten orientieren". Aikman fand auch Christen unter den reichsten Unternehmern des Landes. Sogar die Töchter von Mao Tse-tung sollen Christinnen geworden sein, die Tochter des früheren Premiers Li Peng ließ sich während ihres Studiums in Japan taufen.

Das Pew Research Center ortete in einer Studie anlässlich der Olympischen Spiele 2008 in Peking das größte Interesse an Religion bei höher Gebildeten in den Städten, vor allem bei Politikern und Lehrern, und schätzte damals die Zahl der Christen auf 4 Prozent. Der Pew-Bericht „Global Christianity" vom Dezember 2011 kommt schon auf 5 Prozent – mit 67 Millionen stellt demnach das Land nach den Philippinen (87 Millionen) die größte Zahl christlicher Gläubiger in Asien.

Oschwald fasst die Entwicklung zusammen: „Die christlichen Kirchen in China gelten weltweit als die am schnellsten wachsenden. Drei bis vier Millionen Taufen im Jahr. Tausende Bekehrungen oder Taufen kommen manchmal in wenigen Tagen vor. Viele

Fakten spielen zusammen. Sinnsuche, Hilfe in Not, Wunderglauben und überzeugende Glaubensvorbilder haben dazu beigetragen, dass in China bereits mindestens so viele Christen leben, wie Deutschland Einwohner hat."

Dass die Katholiken aus historischen Gründen gespalten sind – in die vom Staat in der Patriotischen Vereinigung kontrollierte Kirche Chinas und in die mit Rom verbundene Untergrundkirche –, sieht Oschwald als ein schwer lösbares Problem an: „Beide Kirchenteile trauen sich gegenseitig nicht über den Weg. Das kann Generationen dauern, bis Vertrauen hergestellt ist."

China gehört freilich mit anderen ostasiatischen Ländern wie den beiden Koreas, der Mongolei und Japan weltweit zu jenen Staaten, in denen regelmäßig ein besonders hoher Prozentsatz an areligiösen Menschen erhoben wird. Das Land, für das der Global Index von Gallup in jüngster Zeit den stärksten Rückgang an Religiosität erhoben hat, ist Vietnam. 2005 bezeichneten sich dort 53 Prozent, 2012 aber nur noch 30 Prozent als religiöse Menschen. Die produzierende Weltwirtschaft hat sich zunehmend nach Süd- und Ostasien verlagert, wobei die sozialen und ökologischen Folgen noch gar nicht abzuschätzen sind.

Am Beispiel der neuen Weltmacht China und des von China gestützten Regimes in Burma zeigt sich, dass auch der an sich friedliche Buddhismus unter Verfolgung zu leiden hat, wenn er wie in Tibet oder Burma nur die Menschenrechte verteidigt. Der Buddhismus, der in den letzten Jahrzehnten unter Intellektuellen in Europa in Mode gekommen ist, dominiert nur noch in wenigen Ländern Asiens und verliert eher an Boden. Auch das Christentum hat in mehreren Ländern einen schweren Stand, die meisten Christen in einem asiatischen Land leben auf den Philippinen, etwa 87 Millionen. Davon sind 76 Millionen Katholiken, mehr Katholiken gibt es nur in Brasilien und Mexiko.

Der Demograph Wolfgang Lutz sieht im Bildungsniveau einen „Schlüsselfaktor" für die gesellschaftliche Entwicklung, der mit Fertilität und Religiosität zusammenhängt.

Wie Lutz und Vegard Skirbekk in ihrer 2012 von der Päpstlichen Akademie für Sozialwissenschaften publizierten Studie aufzeigen, neigen Mitglieder verschiedener Religionen dazu, verschiedene Grade an Fertilität zu haben, und das wirke sich darauf aus, warum Religionen mit unterschiedlicher Geschwindigkeit wachsen. Die Höhe der Fertilität sei nicht nur der wichtigste Lenker unterschiedlichen Bevölkerungswachstums, sondern auch ein sehr empfindlicher Indikator für sozialen, ökonomischen und sogar kulturellen Wechsel.

In Indien etwa hätten die Muslime statistisch die höchste Fertilität, die Christen die niedrigste, dazwischen rangieren die Hindus. Untersucht man nun das Bildungsniveau der Frauen, ergibt sich ein interessantes Bild: Innerhalb jeder Religion haben die hochgebildeten Frauen eine deutlich geringere Fertilität als die geringer gebildeten. Bei Frauen mit zumindest sekundärer Schulbildung ist der Unterschied zwischen Musliminnen und Christinnen praktisch verschwunden, Hindufrauen mit hoher Bildung haben sogar eine geringere Fertilität als Christinnen auf dieser Bildungsstufe. Noch dramatischer wird das Bild, wenn man die Kategorie Alter einbezieht. Ungebildete Hindufrauen im Teenager-Alter haben die höchste Fertilitätsrate (16 Prozent haben eine Geburt pro Jahr), hochgebildete Christinnen unter 20 Jahren dagegen die geringste (2 Promille haben eine Geburt pro Jahr). Bildung macht den Unterschied – und die muslimische Fertilität ist meist deshalb höher als die christliche, weil Christinnen im Durchschnitt höher gebildet sind.

In Asien liegen die vier Länder mit den meisten muslimischen Einwohnern (Angaben des Pew Research Center in der Studie „The Future of the Global Muslim Population – Projections for

2010–2030" vom Jänner 2011): Indonesien mit derzeit 205 Millionen (Prognose für 2030: 239 Millionen), Pakistan mit 178 Millionen (2030: 256 Millionen), Indien mit 177 Millionen (2030: 236 Millionen) und Bangladesch mit 149 Millionen (2030: 188 Millionen). Das heißt, der eher fundamentalistisch geprägte Atomstaat Pakistan wird den eher säkularen Inselstaat Indonesien als bevölkerungsreichstes muslimisches Land ablösen.

Vor allem in Asien – sowohl in den undemokratisch regierten Ländern wie Nordkorea, China oder Myanmar (Burma) im Osten als auch in den Staaten mit eklatanter muslimischer Mehrheit (von der Türkei bis nach Malaysia) – mahnen Menschenrechtsorganisationen immer wieder die Verwirklichung der Religionsfreiheit ein, ein Thema, auf das noch zurückzukommen sein wird.

Der Trend, der sich derzeit abzeichnet, besteht darin, dass von Vorderasien bis Nordafrika die Gefahr für die Christen zunimmt, eines nicht allzu fernen Tages komplett aus diesen Regionen verdrängt zu sein. Schon jetzt gibt es im Westen Asiens, abgesehen vom jüdischen Staat Israel und vom Libanon, in dem noch eine starke christliche Minderheit lebt, nur noch Staaten mit erdrückender muslimischer Mehrheit. Dort und im Norden Afrikas scheint sich die Lage durch den „arabischen Frühling", der bereits einige Regime hinweggefegt und andere in Bedrängnis gebracht hat, wesentlich günstiger für die Islamisten als für die Christen auszuwirken.

In Ägypten zum Beispiel wollte Kardinal Antonius Naguib, Patriarch der mit Rom unierten koptisch-katholischen Kirche, im Herbst 2011 „noch nicht von Christenverfolgung sprechen", sah aber dieser Möglichkeit ins Auge. Ägyptens Christen seien sich dessen bewusst, dass ihr Kalender mit Märtyrern – jenen der Kirche von Alexandria – beginne. Naguib hoffte, dass sich die gemäßigten, reformorientierten Muslime durchsetzen werden, und meinte: „Selbst wenn wir ein islamistisches Regime bekommen, wird es nicht lange bestehen. Denn es entspricht nicht dem Geist der ägyptischen Zivilisation.“ Von 80 Millionen Ägyptern sind etwa acht bis zehn Millionen Christen, die meisten davon koptisch-orthodox, rund 250.000 uniert-katholisch. An ein Ende des Christentums in seinem Land glaubt Naguib unter diesen Umständen nicht: „Selbst wenn eine halbe Million oder eine Million ginge, blieben immer noch sieben bis neun Millionen, die keine Möglichkeit haben, zu gehen.“

Afrika ist der Kontinent vieler Konflikte, was meist soziale Ursachen hat, aber oft mit religiösen Auseinandersetzungen einhergeht. Die Spannungen zwischen dem islamischen Norden und dem christlichen Süden wurden spätestens dann augenfällig, als einer der größten Staaten, der Sudan, nach einem jahrelangen Bürgerkrieg zerfiel – in einen fundamentalistisch islamischen Norden und den religiös toleranten, mehrheitlich christlichen Süden.

Der gespaltene Sudan, aber auch brennende Kirchen in Ägypten oder Nigeria dokumentieren, wohin die religiösen Gegensätze auf dem Schwarzen Erdteil führen können – zu Gewalt und neuen Grenzziehungen. Dabei richtet sich der Terror radikaler muslimischer Gruppen mitunter gegen gemäßigte Gläubige und Heiligtümer der eigenen Religion. In Timbuktu in Mali zerstörten Islamisten einige zum Weltkulturerbe zählende Mausoleen muslimischer Heiliger, da sie nur Allah Verehrung zubilligen, und nahmen unverschleierte Frauen in Gewahrsam. Im Norden Nigerias verbreitet die islamische Sekte Boko Haram mit Mordanschlägen Angst und Schrecken unter den Christen.

Auf keinem Kontinent ist Aids ein so großes Problem, nämlich vor allem im südlichen Afrika, auf keinem sind mehr Menschen angesichts von Elend und Hunger bereit, ihr Heil in einer ungewissen Flucht nach Norden zu suchen. Dabei verschärfen Ressourcenmangel und Klimawandel soziale Spannungen. Der

Bericht des Pew Research Center vom April 2010 über die religiöse Situation Afrikas sieht Islam und Christentum auf dem Gesamtkontinent als zahlenmäßig fast gleich stark an – mit jeweils an die 500 Millionen Anhängern.

Südlich der Sahara gab es im 20. Jahrhundert die weltweit größten religiösen Veränderungen. Um das Jahr 1900 hingen drei Viertel der Afrikaner noch Naturreligionen an, die ein gewisses Erbe hinterlassen haben. Verschiedene Formen von Synkretismus spielen heute noch in Teilen des Erdteils eine große Rolle. Von damals bis 2010 hat sich die Zahl der Muslime auf etwa das Zwanzigfache erhöht, nämlich auf ungefähr 234 Millionen, jene der Christen aber sogar fast auf das Siebzigfache, nämlich auf rund 470 Millionen.

Die Trennlinie zwischen den überwiegend muslimischen und den mehrheitlich christlichen Gebieten verläuft ungefähr von Senegal bis Somalia. Im Afrika südlich der Sahara leben 21 Prozent aller Christen auf der Welt und etwa 15 Prozent aller Muslime. Unter den zehn Staaten mit den meisten Christen auf der Welt scheinen drei afrikanische Länder auf: Nigeria (81 Millionen), die Demokratische Republik Kongo (63 Millionen) und Äthiopien (53 Millionen). Die Mehrheit der afrikanischen Christen sind Protestanten, die Orthodoxen stellen in Äthiopien einen hohen Anteil der Bevölkerung.

Amerika: Vielfältiges Christentum im Umbruch

Natürlich steckt der islamistische Anschlag vom 11. September 2001 den USA, die danach in einer Art „Kreuzzugsmentalität“ nach Afghanistan und in den Irak aufgebrochen sind, noch in den Knochen. Doch vor einer Islamisierung warnen die Amerikaner eher Europa, als dass sie für sich eine Gefahr darin sehen. „God's own country" gibt sich bis in die Fingerspitzen christlich. In keinem westlichen Industriestaat ist, zumindest offiziell, der Glaube an Gott so groß wie in den USA, wo man auf die Geldscheine „In God we trust" schreibt und kaum eine Präsidentenrede ohne die Worte „God bless America" endet. Doch die Unterschiede zwischen den vielen christlichen Kirchen Amerikas sind groß, der Wettlauf zwischen ihnen ist voll im Gange, nicht nur in den USA, sondern in ganz Nord- und Südamerika.

Auf 935 Millionen hat das UN-Department of Economic and Social Affairs die Einwohnerzahl von ganz Amerika im Jahr 2010 geschätzt, etwa 1,104 Milliarden sollen es 2030 sein. Das Christentum dominiert den Doppelkontinent Amerika, dem dort 804 Millionen Menschen angehören (Zahlen vom Pew Research Center für 2010). Das sind 86 Prozent aller Amerikaner oder 36,8 Prozent aller Christen auf der Erde. Der Islam mit 5,3 Millionen Anhängern (2030 voraussichtlich 11 Millionen) spielt hier kaum eine Rolle. Die drei Länder mit den weltweit größten christlichen Populationen liegen in Amerika: die USA mit 247 Millionen, Brasilien mit 176 Millionen und Mexiko mit 108 Millionen.

Die Studie „Secularism, Fundamentalism, or Catholicism? The Religious Composition of the United States to 2043" (Vegard Skirbekk et al., Journal for the Scientific Study of Religion, 2010) geht detailliert auf die Zukunft der einzelnen christlichen Kirchen ein. Fast die Hälfte der derzeitigen Einwanderer in die USA sind Katholiken, vorwiegend „Hispanics", also aus dem spanischen Sprachraum (35 Prozent von allen Zuwanderern). Die „Hispanics" haben unter allen christlichen Gruppen in den USA die bei weitem höchsten Geburtenraten, deshalb dürfte ihr Anteil an der Gesamtbevölkerung von heute 10 Prozent bis 2043 auf nahezu 18 Prozent zunehmen, was fast dem Anteil der nicht-religiösen

Personen in den USA entspricht. Gemeinsam mit allen anderen Katholiken, deren Anteil fallend ist, werden die „Hispanics“ dafür sorgen, dass der Anteil der römisch-katholischen Bürger in den USA in den kommenden 30 Jahren auf ein Drittel der Gesamtbevölkerung steigen wird. Wahrscheinlich wird es um die Mitte des 21. Jahrhunderts zumindest in der jüngeren Generation mehr Katholiken als Protestanten geben. Die Sorge, es würden zu viele Katholiken und Juden nach Amerika kommen, hatte, wie Philip Jenkins schreibt, einst zur Mobilisierung der Protestanten in Massenbewegungen, vor allem im Ku-Klux-Klan der frühen 1920er Jahre geführt: „Vor hundert Jahren waren die protestantischen Amerikaner sehr beunruhigt ob der potentiellen kulturellen und religiösen Auswirkungen der Massenimmigration, und die Rhetorik jener Zeit weist große Ähnlichkeit mit den aktuellen Warnungen vor dem Aufschwung des europäischen Islam auf.“

Fertilitätsraten in den USA (Kinder pro Frau) nach Religionen, 2003 (Skirbekk et al., 2010)

Muslime	2,84
Hispanics	2,75
Schwarze Protestanten	2,35
Fundamentalistische Protestanten (ohne Schwarze)	2,13
Nicht-hispanische Katholiken	2,11
Moderate Protestanten (ohne Schwarze)	2,01
Liberale Protestanten (ohne Schwarze)	1,84
Hindus/Buddhisten	1,73
Areligiöse	1,66
Andere	1,64
Juden	1,43
Durchschnitt der US-Bevölkerung	2,08

Vor allem in Lateinamerika hat die Zahl jener Christen stark zugenommen, die sich besonders vom Heiligen Geist erfüllen lassen wollen und sich der von Nordamerika ausgegangenen Pfingstbewegung oder der Charismatischen Bewegung angeschlossen haben, wobei Charismatiker meist in ihrer traditionellen katholischen oder protestantischen Kirche bleiben, während Pfingstler oft eigene Freikirchen bilden. In Brasilien, Chile und Guatemala stellen Pfingstler und Charismatiker zusammen bereits mehr als zwei Drittel der Protestanten. Schon 2006 berichtete das deutsche Nachrichtenmagazin „Der Spiegel" über Brasilien: „Unter dem Siegeszug der Pfingstler leidet vor allem die katholische Kirche: In Scharen laufen die Gläubigen im größten katholischen Land der Welt zu den Evangelischen über. Ein Drittel ihrer Mitglieder haben die Katholiken in den vergangenen 40 Jahren verloren, berichtet der Erzbischof von São Paulo, Kardinal Cláudio Hummes. Von zehn ehemaligen Katholiken suchen sieben ihr Seelenheil in einer evangelischen Gemeinde."

Möglicherweise ist das der Preis, den die katholische Kirche dafür bezahlt, dass ihre Leitung in Lateinamerika meist die Mächtigen unterstützt, die Befreiungstheologie gemaßregelt und die Armen oft im Stich gelassen hat. Auf der Website der deutschen Journalistin Antje Schrupp findet sich folgender, schon 1997 erstmals publizierter Text über die Pfingstkirchen (http://www.antjeschrupp.de/pfingstkirchen): „Die Auseinandersetzung mit ihnen wird politisch, nicht theologisch geführt: Sie sind mehrheitlich ungebildet und arm, ihr Glaube enthält magische Elemente, sie sind ekstatisch und unberechenbar – das macht sie für konservative Theologen suspekt. Und den Fortschrittlichen, den Linken, sind sie sowieso ein Dorn im Auge: Die Pfingstler würden – so einige der gängigen Verschwörungstheorien – vom CIA oder vom internationalen Kapital finanziert, um die Befreiungstheologie zu zerschlagen. Linke Reformer können nicht glauben, dass die Armen und Unterdrückten, die sie zu Freiheit und sozialer Gerechtigkeit führen wollten, nun massenweise in die Pfingstkirchen strömen und ihre Hoffnung nicht auf die Revolution, sondern auf die Kraft des Heiligen Geistes setzen. ‚Die Befreiungstheologie hat die Option für die Armen erfunden', so spotten Soziologen in Lateinamerika, ‚aber die Armen haben die Pfingstler gewählt.'"

III. Kapitel
Religiosität auf dem Prüfstand

Eingeschränkte Religionsfreiheit

75 Prozent der Menschheit leben in Ländern, in denen die Religionsfreiheit stark oder sehr stark beschnitten wird. Das steht zumindest in einer Studie des Pew Research Center vom September 2012, die auf Daten des Jahres 2010 aus 197 Ländern der Erde beruht. Für das Jahr 2007, also nur drei Jahre zuvor, hatte eine Pew-Studie nur 68 Prozent der Erdbewohner solchen punkto Religion besonders restriktiven Staaten zugeordnet. Deren Zahl wurde inzwischen von 10 auf 18 erhöht. Acht dieser Länder standen bereits auf der alten Liste: Ägypten, Saudi-Arabien, Iran, Usbekistan, Eritrea, China, Burma (Myanmar) und Vietnam. Während die Türkei und Brunei aus diesem „Restrictions Index" gestrichen wurden, sind zehn neue Länder hinzugekommen: Indonesien, Malediven, Afghanistan, Tunesien, Syrien, Russland, Jemen, Aserbaidschan, Algerien und Weißrussland.

Auch die Liste jener Länder, in denen Religion in sehr heftige soziale Feindseligkeiten einbezogen ist, fällt im neuen Pew-Bericht länger aus als drei Jahre davor. 2007 waren es zehn Staaten: Pakistan, Indien, Irak, Sri Lanka, Bangladesch, Somalia, Israel, Afghanistan, Saudi-Arabien und Indonesien. Fünf neue Territorien sind dazugekommen: Nigeria, Jemen, die Palästinensergebiete, Ägypten und Russland.

Dass die beiden Listen so ähnlich ausfallen, ist für Elmar Kuhn, den Generalsekretär der Organisation „Christian Solidarity International" (CSI) in Österreich, die gegen alle Verletzungen der Religionsfreiheit, ungeachtet der jeweiligen Religion, auftritt, kein Zufall. Verfolgung aus religiösen Gründen habe meistens auch soziale Ursachen. Deshalb seien auf der Weltkarte die Gebiete mit Einschränkung der Religionsfreiheit – mit einzelnen Ausnahmen – fast deckungsgleich mit jenen, wo es soziale Spannungen und keinen echten Wohlstand gibt. In einem Gespräch mit der „Wiener Zeitung" im Oktober 2012 erklärte Kuhn: „Sie können Menschen nur dann auf die Straße bringen und erreichen, dass sie sich in Konflikte hineintigern lassen, wenn sie nichts zu verlieren haben."

„Von zehn wegen ihres Glaubens verfolgten Menschen sind acht Christen", sagt Kuhn. Die Pew-Studie 2012 besagt, dass in den Jahren 2006 bis 2010 in 139 Ländern Christen, in 121 Staaten Muslime und in 85 Ländern Juden wegen ihres Glaubens angegriffen wurden, insgesamt habe es in 184 Staaten Angriffe auf Gläubige irgendeiner Religion gegeben. Nur die Zahl der Staaten, in denen Muslime oder Hindus unter Repressionen zu leiden haben, ist leicht gesunken, Angehörige anderer Religionen sind nun in mehr Ländern gefährdet als früher.

Als die Organisation „Kirche in Not" im Oktober 2012 ihren Bericht „Religionsfreiheit weltweit" veröffentlichte, erklärte ihr Sprecher Peter Sefton-Williams, „dass in 131 der 196 untersuchten Länder die Mehrheit dem Christentum angehört, aber in keinem dieser 131 Länder enthielt das Gesetzeswerk Gesetze zur Einschränkung der Religionsfreiheit". Hingegen hätten von den 49 Ländern mit muslimischer Mehrheit 17 den Islam als Staatsreligion, und das habe für Gläubige anderer Religionen oft negative Konsequenzen. Wie viele Christen unterschiedlicher Konfessionen sich weltweit aufgrund gesetzlicher oder kultureller Strukturen in Schwierigkeiten befinden, lasse sich nicht mit Sicherheit sagen, meinte Sefton-Williams, zitierte aber die sicher weit überhöhte Schätzung von Erzbischof Dominique Mamberti, Sekretär des Heiligen Stuhls für die Beziehungen mit den Staaten, also quasi vatikanischer „Außenminister", von über 200 Millionen verfolgten Christen. Laut seriösen Quellen sind es jedoch maximal 100 Millionen.

Elmar Kuhn sieht das wirkliche Problem in jenen Ländern, „wo zwei Dinge zusammenkommen: wo staatliche Restriktionen, insbesondere Blasphemieparagraphen, die die Verunglimpfung religiöser Begriffe unter Todesstrafe oder schwerste Strafen stellen, einhergehen mit starker pogromartiger Mobilisierung von Massen. In fünf Staaten ist ein solcher islamischer Blasphemieparagraph wirklich im Sinn von lebensbedrohend in der Verfassung verankert: Iran, Pakistan, Afghanistan, Saudi-Arabien und Nordsudan." Saudi-Arabien betreibt dabei eine zwiespältige Politik, indem es im eigenen Land – trotz einer gigantischen Zahl christlicher Gastarbeiter – nur die Ausübung des Islam gestattet, anderseits in Wien das König-Abdullah-Zentrum zur weltweiten Förderung von Religionsfreiheit eingerichtet hat, das viele daher als „Augenauswischerei" und nur mit großer Skepsis als Chance für einen Dialog der Religionen ansehen.

Der Blasphemieparagraph erinnert Kuhn an Zeiten, als in Europa „durch Intrigen und Denunziationen ganze Familien ausgelöscht wurden. Wenn ich zur Denunziation aufrufe, dann bekomme ich die ganzen Querelen von Erbstreitigkeiten, Landstreitigkeiten, von Versuchen, sich Hab und Gut von anderen anzueignen, all das unter dem Deckmantel der Blasphemie geliefert. Das ist das, was in Pakistan geschieht." In Pakistan erregten 2012 zwei Fälle großes

Aufsehen. Der eine betraf ein geistig zurückgebliebenes christliches Mädchen, dem ein Imam Blasphemie vorwarf, bis sich herausstellte, dass er selbst dem Kind verbrannte Koranseiten in die Hand gedrückt hatte. Da sei, so Kuhn, „etwas ganz Tolles passiert, dass in Pakistan die Mitarbeiter dieses Imams gegen ihn ausgesagt haben, dass er eigentlich die Blasphemie begangen hat, um das Mädchen hineinzureiten und ein Pogrom auszulösen." Als kurz darauf in Pakistan einem muslimischen Mädchen, das sich für Bildungsfreiheit engagierte, von Taliban gezielt in den Kopf geschossen wurde, kam es zu großen Solidarisierungsaktionen mit diesem Mädchen und gegen die religiösen Fundamentalisten.

Während Kuhn auf einen Stimmungsumschwung und eine Aufweichung des Blasphemieparagraphen in Pakistan hofft, ist er nicht blind gegenüber Vorgängen in Europa: „Umgekehrt haben wir in Russland die Entwicklung eines Blasphemieparagraphen auf christlicher Ebene, geschützt von der orthodoxen Kirche, der zu allen Besorgnissen Anlass gibt." Die harte Bestrafung von drei Musikerinnen der Band „Pussy Riot", die am 21. Februar 2012 mit einem „Punk-Gebet" in der Christ-Erlöser-Kathedrale in Moskau gegen die Politik von Präsident Wladimir Putin und deren Unterstützung durch die Russisch-Orthodoxe Kirche protestiert hatten, erregte weltweit Aufsehen. Kuhn befürchtet, dass mit neuen Blasphemievorschriften in Russland eine politische Waffe geschmiedet wird: „Wenn das mit staatlicher Willkür gegen oppositionelle Gruppen benutzt wird, dann sind wir wirklich im finstersten Mittelalter. Kurz gesagt: Wo auch immer religiöse Gründe benutzt werden, um Menschen zu manipulieren, sie ihrer Habe und ihrer Existenz zu berauben, dort wird Religion zur Pervertierung ihres eigenen ursprünglichen Sinns."

Einschränkungen der Religionsfreiheit beruhen meist auf Angst um die Macht, auf der bisweilen geradezu paranoiden

Furcht, eine andere Ideologie oder Religion als die eigene könnte zu viel Einfluss bekommen. Das war und ist auch in Diktaturen der Fall, die nicht religiös begründet sind. In den Pew-Bericht 2012 hat man ein Land mangels ausreichender Daten gar nicht einbezogen, das punkto Menschenrechtsverletzungen sicher an der Spitze liegt: Nordkorea. Auch im „Weltverfolgungsindex" des christlichen Hilfswerks „Open Doors", der Jahr für Jahr jene Länder auflistet, in denen Christen massiv verfolgt werden, steht seit Jahrzehnten Nordkorea an erster Stelle.

In Nordkorea sind außer dem Kult für den jeweiligen Staatschef alle Religionen – ob Christen, Islam, Buddhismus oder andere Bekenntnisse – streng verboten. „Das ist wirklich die Verfolgung der Religion an sich in einem sich selbst zur Religion und Gott gemachten Diktatorenregime", erklärt Elmar Kuhn, „das bedeutet auch, dass Treffen praktizierender Christen, auch wenn es Hauskirchen hinter verschlossenen Türen sind, gesprengt, die Bibeln zertreten, die Menschen gedemütigt werden, dass, da Sippenhaftung besteht, ganze Sippen, nur weil einmal aus der Bibel gelesen wurde, in Internierungslager kommen. Man nimmt an, dass insgesamt etwa 70.000 Christen in Internierungslagern sind, und das sind Konzentrationslager im schlimmsten vorstellbaren Sinn." Dass dennoch die christlichen Gemeinden in Nordkorea wachsen, sei kaum erklärbar.

In Ländern wie China, Myanmar (Burma) oder Eritrea werden bestimmte religiöse Gruppen unter der Kontrolle des Staates geduldet, alle anderen aber zum Teil mit großer Grausamkeit verfolgt. In Myanmar mischen sich dabei ethnische und religiöse Motive, wenn – auch von den sonst weltweit als sanft geltenden Buddhisten – brutal gegen die teils christliche Ethnie der Karen und die muslimische Minderheit der Rohingya vorgegangen wird.

Ein Ort ständiger religiöser Spannungen zwischen Hindus, Muslimen, Christen und Sikhs ist Indien. Die ärgsten Ausschreitungen gegen Christen mit zahlreichen Toten, Verletzten und zerstörten Häusern gab es 2008 durch fanatisierte Anhänger der Mehrheitsreligion, des Hinduismus, in der Provinz Orissa, im Juli 2012 verloren bei Kämpfen im Norden Assams vor allem Muslime ihr Leben und ihre Wohnstätten.

Einschränkung der Religionsfreiheit hat verschiedene Facetten. Elmar Kuhn spricht nur dann von echter Verfolgung aus religiösen Gründen, wenn wirklich Leben und Existenz von Gläubigen in Gefahr sind. Eine solche Verfolgung, sei es durch den Staat oder durch aufgewiegelte Bürger, womöglich unter Duldung der Behörden, ist sicher die schlimmste Form einer Einschränkung von Religionsfreiheit. Unbestritten ist, dass es darüber hinaus noch viele Formen der Diskriminierung gibt, die dann zum Tragen kommen, wenn Gläubige ihre Religion in der Öffentlichkeit ausüben wollen. Oft sind es Fälle für die Rechtsprechung, auf die in diesem Buch noch einzugehen sein wird. Auch im westlichen Europa fühlen sich Gläubige diskriminiert, auch Christen, aber vor allem Muslime, wie etwa die in Wien ansässige EU-Agentur für Grundrechte im Mai 2009 oder ein Amnesty-International-Bericht im April 2012 feststellte.

Nur ein Beispiel: Der Wiener Pastoraltheologe Paul Zulehner kommentierte 2009 in der Weihnachtsausgabe der „Wiener Zeitung" das Volksbegehren in der Schweiz für ein Minarett-Verbot in diesem Land so: „Vermeintliche Christen ‚unterdrücken' die öffentliche Religionsausübung des als intolerant eingeschätzten europafremden Islam. Der clash of civilizations verdichtet sich zum clash of religions."

Zusammenprall der Religionen: Gewalt und Verfolgung

Besonders scharfe Worte zur angespannten Lage zwischen dem Westen und der muslimischen Welt fielen am 21. Februar 2006 im arabischen Fernsehsender Al Jazeeraj. Viele Islamkritiker, darunter Udo Ulfkotte in seinem Buch „SOS Abendland", haben gerne zitiert, was die aus Syrien stammende Psychologin Wafa Sultan damals sagte: „Das, was wir überall in der Welt erleben, das ist kein Kampf der Religionen oder der Kulturen. Es ist ein Zusammenprall zwischen zwei Antipoden, zwischen zwei Epochen. Es ist der Zusammenprall zwischen einer Mentalität aus dem Mittelalter und einer Mentalität aus dem 21. Jahrhundert. Es ist ein Zusammenprall zwischen Zivilisation und Rückständigkeit, zwischen Zivilisierten und Primitiven, zwischen Barbarei und Rationalität. Es ist das Aufeinandertreffen von Freiheit und Unterdrückung, zwischen Demokratie und Diktatur. Es ist ein Zusammenprall zwischen Menschenrechten und der Verletzung der Menschenrechte. Es ist ein Zusammenprall jener, die Frauen wie Tiere behandeln, und jenen, die sie als Menschen gleichberechtigt behandeln. Was wir heute erleben, das ist nicht der Kampf der Kulturen. Zivilisationen kämpfen nicht – sie stehen im Wettbewerb miteinander."

Zum Hinweis, nicht Osama bin Laden, sondern Samuel Huntington habe den Begriff vom Kampf der Kulturen geprägt, sagte Wafa Sultan: „Die Muslime haben in der Realität mit dem Kampf der Kulturen begonnen. Es war doch der Sendbote Allahs (gemeint ist Mohammed), der einst sagte: Mir wurde befohlen, gegen die Menschen zu kämpfen, bis sie alle an Allah und an seinen Sendboten glauben. Es waren die Muslime, die die Menschen in Muslime und Nicht-Muslime aufgeteilt haben. Und es waren Muslime, die befohlen haben, so lange gegen alle anderen zu kämpfen, bis alle glauben, was sie selbst glauben. Sie haben diesen Kampf der Kulturen, diesen Krieg, begonnen. Um diesen Krieg zu beenden, müssten sie ihre islamischen Bücher umschreiben, die sind doch voll von Aufrufen zum Kampf gegen die Ungläubigen."

Niemand kann bestreiten, dass die Geschichte der Religionen auch mit Gewalt und Verfolgung, mit Kriegen und bewaffneten Auseinandersetzungen verbunden ist. Viele führende Persönlichkeiten der Weltreligionen werden aber heute sagen, dass es sich dabei entweder um einen Missbrauch der jeweiligen Religion oder um reine Selbstverteidigung gehandelt habe, dass die Religion ihrem Wesen nach natürlich auf Frieden und Versöhnung ausgerichtet sei. Der Patriarch von Konstantinopel, Bartholomaios I., Ehrenoberhaupt der orthodoxen Christen, hat es bei einem Friedenstreffen der römischen Gemeinschaft Sant'Egidio im Oktober 2007 auf den Punkt gebracht: „Der Krieg im Namen der Religion ist Krieg gegen die Religion."

Bewaffnete Konflikte hat es in der jüngeren Vergangenheit auch noch in Europa, etwa auf dem Balkan oder auf der irischen Insel gegeben. Sie hatten zwar meist mehr mit nationalen und sozialen Spannungen zu tun, aber welche Rolle dabei oft auch noch die Religion spielte, belegt die wahrscheinlich nur gut erfundene Geschichte von der Straßensperre in Nordirland, an der ein Mann gefragt wird, ob er Katholik oder Protestant sei. Als er antwortet, er sei Atheist, kommt prompt die Frage: „Katholischer oder protestantischer Atheist?"

Derzeit geht allem Anschein nach die größte religiös motivierte Aggression von islamistischen Gruppen aus, die den Dschihad (oder Jihad), den Heiligen Krieg, gegen die Ungläubigen propagieren. Das Wort Dschihad hat für Muslime mehrere Bedeutungen, eine nicht-militärische, die ihn als spirituelle Anstrengung gegen die eigenen negativen Neigungen und Begierden definiert, und eine kämpferische, die ihrerseits zwei Varianten kennt: eine defensive als Verpflichtung zur Verteidigung muslimischen Territoriums (als solches gilt, wo das islamische Recht, die Scharia, praktiziert wird) und eine offensive als Auftrag, muslimisches Gebiet auszuweiten.

In einem Beitrag für das von Bernd Oberdorfer und Peter Waldmann herausgegebene Buch „Machtfaktor Religion" hat der deutsche Religionswissenschafter Hans G. Kippenberg ausführlich dargelegt, wie eine Fatwa – also ein islamisches Rechtsgutachten – des palästinensischen Islamgelehrten und Muslim-Bruders Abdallah Azzam (1941–1989) während der Besetzung Afghanistans durch die Sowjetunion für Unruhe in der islamischen Welt gesorgt hatte. Azzam, der damals mit Osama bin Laden (1957–2011) in Peschawar in Pakistan das „Büro für Mujahedin-Dienste" eingerichtet hatte, schrieb darin: „Wenn ein Teil des islamischen Gebietes angegriffen wird, wird der Jihad für jeden Muslim und jede Muslima zu einer persönlichen Pflicht. Sohn oder Tochter dürfen dann ohne Erlaubnis der Eltern in den Kampf ziehen, die Gattin ohne Erlaubnis ihres Ehemannes." Azzams Haltung, so Kippenberg, ging aber noch weiter: „Alle Gebiete, die einmal islamisch waren, später aber von Ungläubigen erobert worden waren, wie Palästina, Libanon, Andalusien und andere, müssten zurückerobert werden. Dabei dürfe und könne es keine Kompromisse geben."

Azzam erntete in der islamischen Welt viel Widerspruch. Radikale Islamisten, die ihm grundsätzlich zustimmten, hielten es für dringlicher, gegen die eigenen, nicht wirklich muslimischen, sondern mit den Ungläubigen im Westen kooperierenden Regierungen vorzugehen. Kippenberg weist auf das Attentat hin, dem im Oktober 1981 der ägyptische Präsident Anwar as-Sadat zum Opfer gefallen ist. Der Bruder des Sadat-Attentäters Khalid al-Islambouli habe zum innersten Zirkel um Osama bin Laden gehört. Die Schrift „Die versäumte Pflicht", die von dem mit den Attentätern hingerichteten Elektroingenieur Ad al-Salam Faraj (1954–1982) stammte und lehrte, Dschihad sei eine individuelle Glaubenspflicht gleich den „fünf Säulen" des Islam, sei in Auszügen bei der Ausbildung von islamischen Kämpfern in Afghanistan verwendet worden. Kippenberg schreibt dazu: „An keiner anderen islamischen Schrift lässt sich so deutlich in allen Einzelschritten nachvollziehen, wie systematisch aus dem reichhaltigen Repertoire islamischer Traditionen, Konzeptionen und Praktiken eine kriegerische Gesinnungsethik gewonnen werden konnte und was dabei alles umgewertet oder als angeblich unislamisch verworfen werden musste." Faraj halte die Tradition, wonach der Prophet als Fortsetzung und Ersatz für den kriegerischen (kleinen) Dschihad den spirituellen (großen) Dschihad empfohlen habe, für eine Fälschung: „Der Jihad gegen die eigene Seele, gegen Satan und gegen die Ungläubigen und Heuchler gehörten untrennbar zusammen."

Kippenbergs Urteil über diese fast jedes Mittel zum Zweck des Sieges über die Ungläubigen rechtfertigende Schrift: „Diese kriegerische Ethik steht im Dienste einer heilsgeschichtlichen Deutung der Situation des Islam. Der Prophet habe nicht nur die Eroberung von Konstantinopel vorausgesagt, sondern auch von Rom, die noch aussteht, sowie ein Auftreten des Mahdi, der die Welt mit Gerechtigkeit füllt, wie sie heute mit Ungerechtigkeit gefüllt ist. – Diese rigorose kriegerische Gesinnungsethik koppelt sich von der Moral der bestehenden islamischen Gemeinschaft sowie von den Auffassungen der Rechtsgelehrten ab. Diese haben sich ihrerseits auch öffentlich gegen die Schrift zur Wehr gesetzt und es unternommen, die darin niedergelegten Auffassungen mit Argumenten zu entkräften."

Faktum ist, dass Osama bin Laden auf dieser ideologischen Basis seinen Terrorfeldzug gegen die USA startete. Er sah in der Anwesenheit amerikanischer Truppen in Saudi-Arabien während des ersten Golfkrieges 1990/1991 ein Sakrileg, eine Entweihung der dortigen heiligen Stätten des Islam, die gesühnt werden müsse. Den Ort seiner Fatwa, die er 1996 zu dieser Thematik in Afghanistan verfasste, nannte er, wie Kippenberg schreibt, Khorasan (auch Chorasan) in Anspielung auf die frühislamischen Traditionen vom Mahdi, der von dort erwartet wurde. 1998 folgte eine weitere militante Fatwa mit mehreren Unterzeichnern, eingeleitet mit dem sogenannten Schwertvers, Sure 9:5, der lautet: „Wenn die heiligen Monate abgelaufen sind, dann tötet die Polytheisten, wo immer ihr sie findet, greift sie, belagert sie und lauert ihnen auf jedem Weg auf." Inzwischen ist Osama bin Laden Geschichte, aber die von ihm gepflegte Sicht auf den Westen als Feindbild hat ihn bei vielen Muslimen überlebt.

Wie es im Christentum und wohl in fast allen Religionen Fanatiker gab und als kleine Minderheit immer noch gibt, so sind solche heute vorwiegend und in den letzten Jahrzehnten offenbar wieder in zunehmender Zahl im Islam zu finden. Das Internet ist dabei zu einem wichtigen Kommunikationsmittel geworden, auch andere neue Medien werden eifrig genutzt. Vielen friedlichen Muslimen steht eine kleine, aber entschlossene Minderheit gegenüber, die den Dschihad predigt. Jede – angesichts der Medienfreiheit in der westlichen Welt gar nicht verhinderbare – kritische Darstellung islamischer Inhalte wird dann als Verächtlichmachung dieser Religion und als Beleidigung des Propheten Mohammed empfunden und zum Anlass für Gewaltakte gegen westliche Einrichtungen genommen.

Die dabei ermordeten Menschen – etwa der US-Botschafter in Libyen im Herbst 2012 – sind meist völlig Unbeteiligte. Aber die

Gewalt richtet sich auch gegen die Anhänger des Christentums als „westlicher" Religion. Da mögen die christlichen Kopten in Ägypten auch, wie schon ihr Name sagt, die Nachfahren der historischen „Aigyptoi" sein und eine längere Tradition dort haben als die Muslime, die fanatischen Islamisten machen ihnen das Leben schwer. Brennende Kirchen, ermordete oder verletzte Gläubige, zerstörte Häuser – derartige Vorfälle häuften sich in den letzten Jahren nicht nur in Ägypten, im Irak oder im Sudan, sondern auch in anderen Staaten, mit besonderer Brutalität etwa in Nigeria.

Eine 2010 erstellte Studie des Pew Research Center zum Thema „Tolerance and Tension – Islam and Christianity in Sub Saharan Africa" ging der Frage nach, wie sehr einander Christen und Muslime in dieser Region als „feindlich" erleben. Im Durchschnitt empfinden 28 Prozent der Christen, dass Muslime ihnen gegenüber feindlich eingestellt sind, umgekehrt sagen das 23 Prozent der Muslime von den Christen. In sechs Ländern hat ein besonders hoher Prozentsatz der Christen den Eindruck muslimischer Feindseligkeit: Guinea-Bissau (48 Prozent), Tschad (47), Tansania (43), Liberia (37), Demokratische Republik Kongo (34) und Kenia (34). Die sechs Länder, in denen besonders viele Muslime die Christen als „feindlich" erleben, sind zu zwei Drittel die gleichen: Guinea-Bissau (41 Prozent), Demokratische Republik Kongo (38), Tschad (35), Ghana (28), Tansania (27) und Dschibuti (26). Nigeria, wo die islamische Sekte Boko Haram mit Terror die Christen aus dem ganzen Norden des Landes verdrängen will, stand in dieser Umfrage gar nicht weit oben, als „hot spots" oder Pulverfässer der nächsten Zeit entpuppten sich die vier Staaten Guinea-Bissau, das dann im April 2012 auch einen Militärputsch erlebte, Demokratische Republik Kongo, Tschad und Tansania.

Die Pew-Studie ergab jedoch auch, dass in den afrikanischen Ländern südlich der Sahara ethnische Konflikte, vor allem aber Kriminalität, korrupte politische Führer und Arbeitslosigkeit als weitaus größere Probleme angesehen werden als religiöse Konflikte. Während in jedem Land zumindest 70 Prozent (Äthiopien) bis hin zu 96 Prozent (Senegal) Arbeitslosigkeit als sehr großes Problem sehen, während bis zu 85 Prozent (Kenia) die Korruption der Politiker, bis zu 87 Prozent (Südafrika) die Kriminalität und bis zu 70 Prozent (Ruanda) ethnische Konflikte beklagen, gelten religiöse Konflikte meist als die geringste oder höchstens zweitgeringste Sorge. Nur in Ruanda und Nigeria (je 58 Prozent) sowie in Dschibuti (51) nannte mehr als die Hälfte der Befragten den Konflikt von religiösen Gruppen als sehr großes Problem.

Zur Verteidigung der Religion sehen in dieser Region im Durchschnitt 19 Prozent der Christen Gewalt als gerechtfertigt an, die meisten in Guinea-Bissau (55 Prozent), von den Muslimen sind es durchschnittlich 29 Prozent, die meisten in der Demokratischen Republik Kongo (58 Prozent). Im Durchschnitt befürworten 30 Prozent der Muslime die Todesstrafe für Personen, die vom Islam abfallen, in Dschibuti sind es sogar 62 Prozent.

Von allen Christen treten nur 12 Prozent für eine religiös fundierte Rechtsprechung ein. Mehr als 20 Prozent sind es nur in Guinea-Bissau (37 Prozent), einem der am wenigsten entwickelten Länder der Erde, in dem etwa 50 Prozent Muslime, rund 40 Prozent Anhänger von Naturreligionen und etwa 10 Prozent, meist katholische, Christen leben. Die Schulbildung, vor allem von Mädchen, ist dort sehr gering und die Zahl an Genitalverstümmelungen sehr hoch. Dagegen sind südlich der Sahara im Durchschnitt 40 Prozent der Muslime für die Einführung der Scharia, vor allem in Dschibuti (68 Prozent), Mali (58) und Senegal (52).

Warum sind manche Länder religiöser als andere?

Erhebungen zeigen, dass mitunter die Intensität der Religiosität in unmittelbar miteinander benachbarten Staaten völlig unterschiedlich ist. Unter den baltischen Ländern in Europa übertrifft zum Beispiel Litauen seine Nachbarn Estland und Lettland deutlich in der Zahl der bekennenden Gläubigen, auch zwischen der Slowakei und Tschechien beziehungsweise zwischen Polen und dem Gebiet der ehemaligen DDR bestehen enorme Unterschiede. Und schließlich scheinen auch kontinental gesehen die religiösen Uhren verschieden zu gehen – in Europa jedenfalls anders als in den USA.

Heute ist man sich weitgehend einig, dass das moderne Europa gegen den Widerstand der katholischen Kirche entstanden ist, wiewohl sein Wertesystem noch weitgehend auf christlichen Wurzeln beruht. Hingegen sind die Vereinigten Staaten von Amerika ohne Anlehnung an religiöse Institutionen aus einem aufgeklärten, an Freiheit für den Bürger orientierten Denken entstanden. Ihre „Gründerväter" waren sehr unterschiedlich und auch nicht so fromm, wie heutige republikanische Politiker in den USA gerne behaupten, wenn sie verkünden, an diese Tradition anschließen zu wollen. Da in diesem großen „Land der unbegrenzten Möglichkeiten" auch die Freiheit der Religionsausübung von Anfang an selbstverständlich war, konnten sich aber viele Glaubensrichtungen etablieren oder neu entstehen.

Eines der Geheimnisse der Religiosität in den USA besteht auch darin, dass sie ein Einwanderungsland sind und Einwanderer in der Regel mehr an ihren vertrauten Glaubensgemeinschaften hängen. Das galt früher für die Iren und Italiener oder gilt jetzt für die „Hispanics" (Spanier und Lateinamerikaner) in den USA, das zeigt sich bei asiatischen Einwanderern in Kanada oder Australien, das gilt heute auch besonders für die Muslime in Europa, aber beispielsweise auch für orthodoxe Christen in Österreich. Bei diesen Einwanderern geht auch oft eine niedrige Bildung mit höheren Kinderzahlen einher, wodurch sie die Religiosität in der jeweiligen Gesellschaft statistisch erhöhen. Das ändert sich eventuell ein, zwei Generationen später, wenn die Bildung steigt, die Kinderzahl abnimmt und man sich der säkularisierten Umgebung anpasst.

Die Unterschiede in Europa haben vor allem historische Gründe. Iren und Polen, Völker mit besonders vielen praktizierenden Katholiken, gewannen in Zeiten der Fremdherrschaft ihre Identität aus ihrer von den Besatzern abweichenden Konfession. Ähnliches gilt für die orthodox dominierten Länder auf dem Balkan, die sich gegenüber dem Islam behaupten mussten. Die Jahrzehnte des religionsfeindlichen Kommunismus waren für Polen und andere Oststaaten weniger prägend. Dass zum Beispiel die Tschechen in besonders hohem Maß religionsfern sind, wurzelt schon im Spätmittelalter, als ihr Reformator Jan Hus auf dem Konzil von Konstanz verbrannt wurde, und in den folgenden Jahrhunderten, als man ihnen den katholischen Glauben aufzwingen wollte. Grundsätzlich haben sich in jüngerer Zeit mehrheitlich katholische Länder als religiös stabiler erwiesen als ihre protestantischen Nachbarländer, wie auch das Beispiel Litauen im Baltikum zeigt. Auf dem mehrheitlich evangelischen Gebiet der ehemaligen DDR sind praktizierende Christen nur noch eine verschwindende Minderheit.

Der Wiener Pastoraltheologe Paul Zulehner gab in einem Gespräch für dieses Buch der katholischen Kirche die besseren Zukunftschancen als den evangelischen Kirchen. Er sieht den christlichen Protestantismus als „erstes Produkt und erstes Opfer der Moderne". Der Protestantismus sei gerade in Osteuropa während der kommunistischen Ära wesentlich stärker kollabiert als die katholische Kirche, individualistischer Glaube habe es viel schwerer als die Verankerung in Netzwerken, die „typisch katholisch" sei. Und diese hatte sich schon in der Urkirche bewährt. „Die starke Vernetzung trug wesentlich zur schnellen Ausbreitung des Christentums bei", erklärte Eva Baumkamp, Althistorikerin an der Universität Münster, laut einer Kathpress-Meldung vom 25. Juni 2012. Ein ausgefeiltes Briefsystem diente zur Diskussion aktueller Themen und zur raschen Lösung theologischer Probleme angesichts von Verfolgungen im 3. Jahrhundert.

Was eine Religion attraktiv macht, war schon damals nicht ein ausgeklügelter Katalog von Glaubenssätzen, sondern das Erleben von Gemeinschaft und Beheimatung, ein „Dach über der Seele", wie es Paul Zulehner ausdrückt. Dazu gehören Erklärungen der Welt, Bilder für den Sinn von Leben und Tod, Rituale und Feste, moralische Regeln, Hilfe in der Not, wobei keiner übersehen werden sollte. „Die Gratifikationen spielen eine größere Rolle als die Irritationen, wenn sich jemand entscheidet, ob er in einer Religionsgemeinschaft bleibt oder nicht", sagt Zulehner.

Die Geschichte hat gezeigt, dass sozialer Druck von außen eine Gemeinschaft und die Bereitschaft des Einzelnen, in ihr aktiv zu bleiben, eher festigt als schwächt.

IV. Kapitel
Der Atheismus auf dem Vormarsch

Wortgetreuer Glaube ist überholt, „aggiornamento“ schwierig

Die Entstehung der großen Weltreligionen liegt lange zurück. Für manche grenzt es an ein Wunder, dass sich nach wie vor so viele Menschen zu Lehren bekennen, die, wenn man sie wörtlich nimmt, mit den Erkenntnissen der modernen Wissenschaft kaum in Einklang zu bringen sind. Im Anfang war das Wort und das Wort war Gott? Im Anfang war doch der Urknall, sagen die Kosmologen. Und dann hat sich, wie uns heute die meisten Naturwissenschafter versichern, die unbelebte und belebte Natur doch nicht als einmalige Schöpfung, wie höchstens noch christliche „Kreationisten“ glauben, in sechs Tagen mit ständigen Eingriffen Gottes entwickelt, sondern in einem sprunghaften, oft auf Zufällen beruhenden Prozess, den man Evolution nennt.

Diese Erkenntnisse kann der gläubige Mensch natürlich einerseits bestreiten und sich weiter streng an den Wortlaut religiöser Überlieferungen halten oder aber, wie es heute mutmaßlich viele Mitglieder von Religionsgemeinschaften tun, bestimmte alte Glaubensinhalte als Bilder interpretieren und einen neuen Zugang zu ihnen suchen. Sich historisch-kritisch mit den alten Texten der eigenen Religion zu befassen, ist aber noch gar nicht so lange üblich. Und an dieser Frage scheiden sich innerhalb der Religionen oft die Geister – in jene, die nichts hinterfragt haben wollen, und jene, die zu der Überzeugung gelangt sind, dass das ursprüngliche Glaubensgut in der Sprache und auf dem Wissensstand einer längst vergangenen Zeit niedergeschrieben wurde und nicht als fertiger Text vom Himmel gefallen ist. Nicht der Kern, aber die zeitbedingten Formulierungen der religiösen Lehren bedürfen eines „aggiornamento", einer Verheutigung, wie sie zum Beispiel Papst Johannes XXIII. mit dem Zweiten Vatikanischen Konzil für die römisch-katholische Kirche angestrebt hat.

Seit Moses und Buddha, Jesus und Mohammed aufgetreten sind, hat sich nicht nur das Wissen über die Welt vervielfacht, auch die sozialen Lebensumstände haben sich enorm geändert. Was einst Nomaden, Hirten, Bauern, Fischer und Handwerker beziehungsweise vorwiegend Landbewohner angesprochen hat, soll heute eine wesentlich besser gebildete, zunehmend städtische Bevölkerung überzeugen. Viele Komponenten des Lebens im 21. Jahrhundert sind mit der Situation vor 2000 Jahren, ja auch mit der vor 200 Jahren absolut nicht mehr vergleichbar, zum Beispiel die durchschnittliche Lebenserwartung, die Möglichkeiten der Bildung, der Mobilität und der Kommunikation. Handel und Industrie haben Ackerbau und Viehzucht in den Hintergrund gedrängt, die Geldwirtschaft von heute hat mit den Zeiten, in denen das Nehmen von Zinsen verboten oder zumindest verpönt war, absolut nichts mehr zu tun. Das moderne Leben im „globalen Dorf" wird von Medien, Wirtschaft, Wissenschaft und Technik dominiert, für Kriege liegen Waffen bereit, mit denen man zumindest das menschliche Leben auf diesem Planeten auslöschen könnte.

In zahlreichen Staaten, die komplett oder zumindest ansatzweise Demokratien geworden sind, genießen Bürger eine neue Freiheit des Individuums und eine Reihe sozialer Errungenschaften, mögen diese in wirtschaftlichen Krisenzeiten auch immer wieder bedroht sein. War früher ein Großteil des Lebens der Arbeit gewidmet, so leben wir heute zumindest in den reichen Ländern in einer Gesellschaft mit viel Freizeit, vielen Möglichkeiten der Unterhaltung und oft einem langen geruhsamen Lebensabend nach der Erwerbsarbeit.

Auch die Stellung der Frau hat sich enorm gewandelt. Gewaltige medizinische Fortschritte haben nicht nur unser Leben verlängert, sondern auch Familienplanung einerseits durch Empfängnisverhütung, anderseits durch Möglichkeiten der künstlichen Fortpflanzung auf eine völlig neue Basis gestellt und bioethische Fragen aufgeworfen, die zur Entstehungszeit der Religionen völlig undenkbar waren.

Gerade ethische und moralische Fragen werden in der Öffentlichkeit oft mit Religion assoziiert, wenn sich Religionsvertreter dazu äußern, hat das aber in vielen Ländern nicht mehr solches Gewicht wie früher. Es war und ist aber sicher falsch, Religion in erster Linie als Hüterin der Moral aufzufassen oder auch zu missbrauchen. Wenn sie dem Menschen nur sittliche Regeln auf den Weg gibt und nicht vor allem existenziellen Halt und Lebenssinn finden lässt, ist das zu wenig.

Moderne Wissenschaft sieht keinen Platz für Gott

„Es gibt wahrscheinlich keinen Gott. Also mach dir keine Sorgen und genieße das Leben." Was da im Jahr 2008 auf Autobussen in Großbritannien zu lesen stand, gilt als erste atheistische Werbekampagne in der Geschichte des Landes. Nicht nur die Hardliner einzelner Religionen haben einander den Kampf angesagt, sondern auch kämpferische Areligiöse den Religionen. Auch wenn in manchen Ländern die Verantwortlichen der öffentlichen Verkehrsmittel derartige Botschaften auf ihren Fahrzeugen ablehnten, ist das Signal nicht zu übersehen: Antireligiöse Aktionen sind in Europa salonfähig – die Meinungsfreiheit gibt innerhalb eines gewissen gesetzlichen Rahmens die Möglichkeit, Religionen abzuwerten, ihre Werte, Leitfiguren und Mitglieder zu verspotten und zu beleidigen. Der plakativen britischen Gottesleugnung von 2008 lag, wenn man den zweiten Satz liest, offenbar das Bild eines Gottes zugrunde, der die Menschen ängstigt und ihnen keine Lebensfreude gönnt, ein Gottesbild, dem wahrscheinlich auch viele Gläubige nicht positiv gegenüberstehen.

Wir wissen nicht genau, woran die einzelnen Menschen in früheren Zeiten genau glaubten, wie viele Griechen oder Römer zum Beispiel wirklich voll Vertrauen Zeus oder Jupiter, Athene oder Minerva ihre Opfer darbrachten. Aber wir wissen, dass schon der Athener Sophist Kritias (460–403 vor Christus) die heute weit verbreitete Haltung einnahm, die Religion sei eine menschliche Erfindung im Interesse der Aufrechterhaltung der moralischen Ordnung. Wir wissen auch, dass der Begriff Agnostiker für einen Menschen, der erklärt, man könne über Gott nichts wissen und aussagen, bereits auf den berühmten Sokrates (469–399 vor Christus) zutrifft, der sich so im platonischen Dialog „Phaidros" äußerte und hinzufügte, er sei ja nicht einmal in der Lage, sich selbst zu erkennen. Und wir wissen aus der Bibel, wie es dem Apostel Paulus erging, als er auf dem Athener Areopag den christlichen Gott verkündete: „Als sie von der Auferstehung der Toten hörten, spotteten die einen, andere aber sagten: Darüber wollen wir dich ein andermal hören."

Die Zweifel an der Existenz eines Gottes oder mehrerer Götter, erst recht an einem Weiterleben nach dem Tod, wird es immer gegeben haben, sie offen auszusprechen war freilich nicht immer opportun, ja oft sogar mit Lebensgefahr verbunden. Es ist hinlänglich bekannt, dass in neuerer Zeit vor allem wissenschaftliche Theorien, die mit traditionellen religiösen Lehren nicht vereinbar sind oder zumindest zu sein scheinen, die Glaubensskepsis und damit auch Atheismus und Agnostizismus gefördert haben. Lief ein Galileo Galilei im 17. Jahrhundert noch Gefahr, wegen seiner astronomischen Erkenntnisse zum Opfer der Inquisition zu werden, konnte Charles Darwin im 19. Jahrhundert in England seine Evolutionstheorie problemlos publizieren. Inzwischen hat die katholische Kirche Galilei rehabilitiert, doch mit Darwins Erkenntnissen tut sie sich weit schwerer.

Für den deutschen Jesuiten und Biologen Christian Kummer lassen sich in seinem Buch „Der Fall Darwin“ Evolutionstheorie und Glauben durchaus vereinbaren. Darin begründet er, warum er einen Vortrag mit „Evolution – ein Segen für die Theologie“ betitelte: „Gäbe es die Evolution nicht als naturwissenschaftliche Theorie, müsste man sie extra für die Theologie erfinden. Und selbst wenn die Naturwissenschaften dazu übergingen, die Evolutionstheorie für falsch oder überholt zu halten, bliebe sie für die Theologie ein unverzichtbarer Gewinn. ... Erinnern wir uns nur daran, was für ein hölzernes, selbstgeschnitztes Wesen der göttliche Planer des Intelligent Design war. Ein oberster Hersteller, ein ‚Handwerker-Gott‘, wie Teilhard de Chardin dafür sagt, der nach Menschenmaß konzipiert ist und der Eigenart des göttlichen Schaffens, wie sie in der Bibel steht, nie und nimmer gerecht wird.“

Kummer distanziert sich von Intelligent Design und Kreationismus, ein Gott, der nicht als oberster Kontrolleur des Universums „stets alle Fäden in der Hand hält und nichts dem Zufall überlässt“, sondern der „macht, dass die Dinge sich machen“, kommt ihm dagegen wie eine „Befreiung und Erweiterung“ vor. In seinem Buch berichtet Kummer auch vom bayerischen Religionsphilosophen Richard Schaeffler, dem ein Freund aufgelöst mitteilte, sein in Amerika Astrophysik studierender Sohn habe ihn mit folgender Lehre seiner dortigen Professoren konfrontiert: „There is no place for any God in modern cosmology!" („Es gibt keinen Platz für irgendeinen Gott in der modernen Kosmologie!") Schaeffler habe dem verdutzten Freund ein Exemplar von Schillers „Wallenstein" gezeigt, darin geblättert und dazu erklärt: „There is no place for any Frederic Schiller in Wallenstein!" („Es gibt keinen Platz für irgendeinen Friedrich Schiller in ‚Wallenstein'!") Schaefflers Vergleich eines literarischen Werkes mit dem „Buch der Natur" beeindruckte Kummer: „Schiller kommt im Wallenstein auch nicht vor – und doch ist jede Zeile von ihm. Die Anwendung dieser Parabel liegt auf der Hand ..."

Die Frage, ob Gott in ihrem Weltbild noch Platz habe, wird Wissenschaftern immer seltener gestellt. Als vor etwa 200 Jahren der französische Mathematiker Pierre-Simon Laplace sein grundlegendes Werk über die Himmelsmechanik Napoleon vorstellte, soll dieser ihn noch gefragt haben: „Warum haben Sie dieses Buch über das Weltall geschrieben, aber nicht einmal seinen Schöpfer erwähnt?" Die Antwort von Laplace lautete: „Diese Hypothese habe ich nicht benötigt."

In der Philosophie, sofern sie sich frei äußern konnte, hatte es schon immer religiöse Lehren und Gott in Frage stellende Stimmen gegeben, ab der Aufklärung häuften sie sich. Im 19. Jahrhundert erreichte die Religionskritik mit dem Positivismus eines Auguste Comte und den materialistischen Theorien von Ludwig Feuerbach und Karl Marx einen Höhepunkt. „Gott ist tot" verkündete schließlich der – jetzt selbst schon mehr als 100 Jahre tote – deutsche Philosoph Friedrich Nietzsche. Die Welt der Intellektuellen schien fortan – besonders deutlich bei den Franzosen Albert Camus oder Jean-Paul Sartre – eine ohne Gott zu sein, aber mit nachlassender Aggressivität gegenüber den Religionen, vielleicht deshalb, weil man diese ohnedies am absterbenden Ast sah.

Der „neue Atheismus“ auf Konfrontation mit dem „Gotteswahn“

Dass sich in jüngster Zeit ein mitunter militant auftretender „neuer Atheismus“ ausbreitet, mag man als Zeichen deuten, dass seinen Vertretern das Ausmaß an vorhandener Religiosität noch immer sehr unangenehm ist. Er ist auf internationaler Ebene vor allem mit den „vier apokalyptischen Reitern“, wie sie sich selbst nennen, und deren Publikationen verbunden: Richard Dawkins („Der Gotteswahn“), Christopher Hitchens („Der Herr ist kein Hirte“), Sam Harris („Das Ende des Glaubens“) und Daniel Dennett („Den Bann brechen: Religion als natürliches Phänomen“). Auf ähnlicher Linie liegt auch der Franzose Michel Onfray („Wir brauchen keinen Gott“).

In seinem Buch „Der Gotteswahn“ schreibt der Evolutionsbiologe Dawkins, ehemaliger Professor an der Universität Oxford: „Historisch betrachtet, strebt die Religion danach, unser eigenes Dasein und das Wesen des Universums, in dem wir uns befinden, zu erklären. In dieser Rolle wurde sie inzwischen vollständig von der Naturwissenschaft verdrängt.“ Und er listet das Sündenregister der Religionen auf: „Stellen wir uns doch mit John Lennon mal eine Welt vor, in der es keine Religion gibt – keine Selbstmordattentäter, keinen 11. September, keine Anschläge auf die Londoner U-Bahn, keine Kreuzzüge, keine Hexenverfolgung, keinen Gunpowder Plot, keine Aufteilung Indiens, keinen Krieg zwischen Israelis und Palästinensern, kein Blutbad unter Serben/Kroaten/

Muslimen, keine Verfolgung von Juden als ‚Christusmörder', keine ‚Probleme' in Nordirland, keine ‚Ehrenmorde' ...“

Zu den vielen Kritikern von Dawkins gehört der in der DDR aufgewachsene deutsche Autor Richard Schröder. Er gesteht in seinem Buch „Abschaffung der Religion?“ Dawkins zu, mit seinen Fragestellungen „für viele Zeitgenossen repräsentativ zu sein“. Doch lese sich dessen Buch, „das vor allem gegen christliche Fundamentalisten in den USA und gegen islamistische Fundamentalisten gerichtet ist, vor dem Erfahrungshintergrund eines Christen in einer postkommunistischen, immer noch atheistisch geprägten Gesellschaft sehr viel anders als in Oxford“. Und Schröder nennt die „sozialistischen“ Länder beim Namen, in denen ein staatlich verordneter Atheismus keineswegs die heile Welt brachte, sondern „zu Mangelwirtschaft und zum Überwachungsstaat“ führte.

Man könne offenbar, so Schröder, „alles in der Welt missbrauchen, auch die Wissenschaft, auch die Aufklärung und nicht etwa nur die Religion“. Unter Lenin, Stalin, Mao und Pol Pot habe man auf deren Absterben „nicht warten wollen und kräftig nachgeholfen – mit unzähligen Todesopfern. Allein die russisch-orthodoxe Kirche nennt über 10.000 Bischöfe, Priester, Mönche, Nonnen, die unter Stalin umgekommen sind, bis er 1943 die Verfolgung beendete, um das Volk im Krieg gegen Hitlers Aggression zu vereinen und die westlichen Verbündeten nicht abzustoßen. Pol Pot soll 94.000 der etwa 100.000 buddhistischen Mönche umgebracht haben. Ich gebe zu, dass mir nicht ganz wohl ist, solche Zahlen als Argumente anzuführen. Es kann aber nicht angehen, im 21. Jahrhundert von einer Welt ohne Religion zu schwärmen und einfach zu übergehen, auf welche Weise das im 20. Jahrhundert zum politischen Programm geworden ist.“

Schröder fällt auch auf, dass Dawkins George Orwells „1984“ und Aldous Huxleys „Schöne neue Welt“ als abschreckende Zukunftsvisionen erwähnt: „Er hat aber nicht bemerkt, dass beide Horrorvisionen in einer Welt ohne Religion spielen. Eine Welt ohne Religion muss demnach nicht das Himmelreich auf Erden sein."

Zu den Kritikern von Dawkins zählt auch der deutsche Psychiater und Bestsellerautor Manfred Lütz, der 2012 in einem Interview mit der „Welt am Sonntag" erklärte, zwischen Nietzsche und Dawkins bestehe intellektuell ein enormer Unterschied: „Für mich ist Nietzsche jemand, der seinen Atheismus bis zur letzten Konsequenz durchdacht und durchlitten hat. Bei Richard Dawkins habe ich erstmals etwas gefunden, was ich bis dahin gar nicht kannte, nämlich fundamentalistischen Atheismus. Für Dawkins sind alle Menschen, die anderer Meinung sind als er, lächerlich, bösartig oder geistesgestört."

Dawkins ist nicht der Einzige, der gegen Religion an sich polemisiert. Ohne diesen Autoren unterstellen zu wollen, dass sie jene religionsfeindlichen Diktaturen befürworten, in denen gläubige Menschen in Irrenhäuser oder Lager gesteckt wurden und werden (etwa in Nordkorea), gibt ihr aggressiver Ton zu denken. In seiner Streitschrift „Keine Macht den Doofen" attackiert Michael Schmidt-Salomon die Anhänger der monotheistischen Religionen Christentum, Judentum und Islam als „Religioten". Mit folgender Definition: „Religiotie ist eine selten diagnostizierte (wenn auch häufig auftretende) Form der geistigen Behinderung, die durch intensive Glaubensindoktrination vornehmlich im Kindesalter ausgelöst wird."

Über die Christen schreibt Schmidt-Salomon: „Was verrät es über uns, dass sich trotz der ‚Kriminalgeschichte des Christentums' (Anm.: er verweist auf Karlheinz Deschners gleichnamiges Werk), trotz der offenkundigen Wahnhaftigkeit der christlichen Dogmen, nach offizieller Statistik 2,2 Milliarden Menschen dazu bekennen, einen solchen Deus-demens-Hirnwurm in sich tragen?!" Wegen der Christen in Europa macht er sich nur geringe Sorgen: „Die Transformation des einst brutal wütenden europäischen Christentums in eine harmlose Pseudoreligion mit folkloristischem Charakter ist zweifellos eine erfreuliche Entwicklung." Angesichts einer Zunahme „der apokalyptischen Spinner in allen Religionen" ist es für ihn aber „eine der großen Schicksalsfragen der Menschheit, ob es gelingen wird, den Einfluss der Religionen einzudämmen".

Auf ähnlicher Linie liegt der österreichische Autor Robert Misik mit seinem Buch „Gott behüte! Warum wir die Religion aus der Politik raushalten müssen". Er räumt ein, „dass Religiosität auch positive Auswirkungen haben kann", doch als größer sieht er ihre Nachteile an: „Religion neurotisiert. Sie hetzt die Menschen gegeneinander auf. Sie pflanzt gesunden Kindern die Idee der Sünde in den Kopf. Sie verleitet dazu, im Nachbarn den verderbten Ungläubigen zu sehen. Sie bringt Männer dazu, Frauen als sexualisierte Hexen wahrzunehmen. Sie verleitet dazu, Unrecht zu respektieren, das nie toleriert würde, wenn es nicht den Adel des Spirituellen hätte. Sie macht aus gefährlichen Konflikten brandgefährliche Konflikte, bei denen sich dann schnell ‚Wir' und ‚Sie' unversöhnlich gegenüberstehen. Im Namen der Religion dürfen die obskursten Dinge verbreitet werden, und wer diese Narreteien Narreteien nennt, der hat das Stigma des Intoleranten." Misiks Fazit: „Die Religion – eine Sinnressource? Eher eine Unsinn-Ressource. Gott schütze uns vor der Renaissance der Religionen."

Fern solcher Polemik gab es auch schon den gepflegten Dialog von Gläubigen und Ungläubigen, zum Beispiel knapp vor der Jahrtausendwende zwischen Kardinal Carlo Maria Martini, damals Erzbischof von Mailand, und dem bekannten Schriftsteller und Sprachwissenschafter Umberto Eco. Unter dem Titel „Woran glaubt, wer nicht glaubt?“ ist ihr Meinungsaustausch als Buch erschienen. Dass Martini, der am 31. August 2012 gestorben ist, nicht gerade zu den Rückständigen in der römisch-katholischen Kirche zählte, bewies sein letztes Interview mit dem österreichischen Jesuiten Georg Sporschill, in dem er der Kirche vorwarf, sie agiere noch wie vor 200 Jahren.

Im brieflichen Dialog mit Eco spielte für Martini die Frage, worauf sich moralisches Handeln gründen kann, wenn jemand nicht an einen personalen Gott glaubt, eine entscheidende Rolle: „Es ist von größter Bedeutung, dass es hier im Bereich der Ethik zwischen Gläubigen und Nichtgläubigen eine gemeinsame Ebene gibt, damit wir für den Fortschritt der Humanität und in der Förderung der Gerechtigkeit und des Friedens zusammenarbeiten können. Es ist offensichtlich, dass der Appell an die Menschenwürde ein Prinzip darstellt, das ein gemeinsames Denken und Handeln begründet: den anderen nie als Mittel zum Zweck zu benutzen, seine Unverletzlichkeit unter allen Umständen und immer zu achten, in jeder Person jederzeit ein unverfügbares und unantastbares Wesen zu sehen.“

Eco scheint es in seiner Antwort „evident, dass jemand, der nie die Erfahrung der Transzendenz gemacht oder sie verloren hat, seinem Leben und seinem Tod einen Sinn nur geben und sich getröstet fühlen kann durch die Liebe zu anderen, durch den Versuch, jemand anderem ein lebenswertes Leben zu garantieren, auch wenn er selbst nicht mehr da ist“. Für den Autor des Romans „Der Name der Rose“ ist aber auch klar, dass es sowohl gläubige als auch ungläubige Menschen gibt, die sich aus Eigennutz über moralische Werte hinwegsetzen: „Die Stärke einer Ethik bemisst sich am Verhalten der Heiligen, nicht am Verhalten der Toren, ‚deren Gott der Bauch ist.‘“

Eine Welt, die dahinlebt, als ob Gott nicht existiert

Nur wer kräftig die Augen vor der Realität in den modernen Metropolen und insbesondere in naturwissenschaftlichen Kreisen verschließt, kann übersehen, dass der Atheismus kräftig auf dem Vormarsch ist. Das gilt auch für „God's own country", die USA. Eine vom Pew Research Center am 9. Oktober 2012 publizierte Studie ermittelte für die USA den höchsten dort je gemessenen Anteil an areligiösen erwachsenen Personen, nämlich fast 20 Prozent, während es fünf Jahre zuvor erst 15 Prozent gewesen waren. Von den Unter-30-Jährigen steht sogar ein Drittel jeder Religion fern. 13 Millionen US-Amerikaner, das sind fast 6 Prozent, bezeichnen sich selbst als Atheisten oder Agnostiker.

Menschen wie der 1964 in den USA geborene Greg Graffin, als Sänger und Songwriter der Punkrock-Band „Bad Religion" eine prägende Figur für die Jugendkultur, dürften zu diesem Trend der Areligiosität beitragen. Graffin hat Evolutionsbiologie studiert und versteht sich als Naturalist, für den alle Entwicklung aus der Natur erklärbar ist. Mit dem Begriff „Atheist" hat er Probleme: „Er definiert nämlich eher, was jemand nicht ist, als was er ist." In seinem Buch „Anarchie und Evolution" zeigt er auf, dass schon in der ersten Hälfte des 20. Jahrhunderts nur noch eine Minderheit der prominenten amerikanischen Wissenschafter an einen personifizierten Gott glaube. Laut Umfragen des Psychologen James Leuba waren es 1914 noch etwa 32 Prozent, 1933 aber war es nur noch rund ein Siebentel der Befragten. Und, so Graffin, „Leuba prognostizierte, dass der Glaube an einen Gott und an die Unsterblichkeit unter den angesehensten Angehörigen des Wissenschaftsbetriebes immer weiter abnehmen würde."

Atheismus in Zahlen

Über das Ausmaß von Religiosität und Atheismus liegen zahlreiche Studien und Umfragen vor. Eine der aktuellsten ist der von WIN-Gallup International veröffentlichte „Global Index of Religiosity and Atheism 2012". Er erfasst nicht die ganze Welt, aber 57 Länder, in denen dafür insgesamt über 50.000 Personen befragt wurden. Von allen Befragten bezeichneten sich 59 Prozent als religiös, 23 Prozent als nicht religiös, und 10 Prozent deklarierten sich als überzeugte Atheisten. Sie leben vorwiegend in Ostasien und Europa. Während seit der letzten derartigen Studie der Atheismus weltweit um 3 Prozentpunkte zugenommen hat, sank die Religiosität im gleichen Zeitraum um 9 Prozentpunkte. Die Religiosität ist eindeutig unter Personen mit niedrigem Einkommen höher, der Atheismus hingegen unter Personen mit höherer Bildung. Der Index wies 2012 folgende zehn Länder als jene mit den meisten überzeugten Atheisten aus:

	Religiös	Nicht religiös	Atheist	Keine Antwort
China	14 %	30 %	47 %	9 %
Japan	16 %	31 %	31 %	23 %
Tschech. Republik	20 %	48 %	30 %	2 %
Frankreich	37 %	34 %	29 %	1 %
Südkorea	52 %	31 %	15 %	2 %
Deutschland	51 %	33 %	15 %	1 %
Niederlande	43 %	42 %	14 %	2 %
Österreich	42 %	43 %	10 %	5 %
Island	57 %	31 %	10 %	2 %
Australien	37 %	48 %	10 %	5 %
Irland	47 %	44 %	10 %	0 %

Zu etwas anderen Zahlen gelangten Demographen (Todd M. Johnson und Brian J. Grim: World Religion Database. 2008. www.worldreligion-database.org), die nicht nur in den 57 von Gallup untersuchten Ländern – unter denen zum Beispiel Nordkorea, die Mongolei, Uruguay und Kasachstan fehlen – Umfragen durchführten, sondern alle Länder der Erde für das Jahr 2010 einschätzten und dabei Atheisten und Areligiöse zusammenfassten. Bei ihnen sieht die Liste der Länder, wo diese Gruppe mehr als 20 Prozent ausmacht, so aus:

	Atheisten, Areligiöse
Nordkorea	71,3 %
Tschechische Republik	43,6 %
Svalbard und Jan Mayen	38,9 %
China	38,3 %
Mongolei	34,6 %
Uruguay	34,5 %
Kasachstan	34,4 %
Schweden	29,9 %
Lettland	29,4 %
Estland	26,7 %
Niederlande	26,2 %
Weißrussland	25,6 %
Deutschland	24,4 %
Neuseeland	23,1 %
Kirgistan	21,1 %
Frankreich	20,3 %

Für seine Doktorarbeit befragte Graffin 271 Evolutionswissenschafter, die 28 Nationalakademien auf der ganzen Welt angehörten, über ihr Verhältnis zur Religion. Er bekam aus 27 Ländern insgesamt 149 Antworten und traf zwölf Wissenschafter, darunter Richard Dawkins, zu persönlichen Gesprächen. Seine Bilanz: „Nur 13 von 149 Befragten – ungefähr neun Prozent – glaubten an einen Gott, der eine aktive Rolle in der Welt spielt. Andere Umfragen, die in den letzten Jahren durchgeführt wurden, förderten ähnliche Ergebnisse zutage."

Während Religion in der wissenschaftlichen Welt zunehmend einfach ignoriert wird, wird sie dort, wo sie im Alltag eine Rolle spielt, vermehrt bekämpft. Das äußert sich in ganz konkreten Forderungen atheistischer Vereinigungen wie zum Beispiel nach Abschaffung jeglicher staatlicher Förderung von Religionen, etwa im Bildungsbereich. Für das „Erstarken der modernen Radikal-Antitheisten" ortete der katholische Publizist Michael Prüller, seit 2011 Chef der Öffentlichkeitsarbeit in der Erzdiözese Wien, in einem Beitrag für die österreichische Zeitschrift „Academia" vier wesentliche Gründe. Erstens könnten dank der modernen Medien mit ihren Möglichkeiten der Vernetzung auch relativ kleine Gruppen ihre Kräfte bündeln. Zweitens fordere der vorwiegend von evangelikalen Kreisen betriebene religiöse Fundamentalismus in den USA zu einer Gegenbewegung heraus (46 der 58 Teilorganisationen der Dachorganisation „Atheist Alliance International" kommen aus den USA. Drittens gehe mit dem Vormarsch des Islam die Sorge einher, „Religion sei per se gefährlich für den öffentlichen Frieden und die Freiheit des aufgeklärten Individuums". Und viertens gebe es den „Zusammenstoß vor allem der katholischen Kirche mit der säkularen Ideologie der Emanzipation".

Die Entwicklungen der letzten Jahre legen in der Tat den Verdacht nahe, dass zwischen religiösem Fundamentalismus und militantem Atheismus eine Art Wechselbeziehung besteht. Neue Untersuchungen deuten darauf hin, dass die beiden Gruppen einander aufstacheln und dadurch größer werden. Wenn es zutrifft, dass mit dem Atheismus auch wieder Religiosität wächst, würden in diesem Fall die „Lauen" weniger werden, möglicherweise aber auch die Friedfertigen, die weder einen gewaltsamen „Clash of Religions" noch einen radikalen Kampf zwischen Theisten und Atheisten erleben wollen.

Beides wird es wahrscheinlich noch lange und vielleicht sogar immer geben: Menschen, für die Gott selbstverständlich existiert, und Menschen, für die Gott längst überflüssig ist. Es mag aber auch mehr Personen geben, als viele glauben, die so denken wie der deutsche Schriftsteller Martin Walser. Er formulierte im November 2011 in der „Frankfurter Allgemeinen Zeitung": „Wenn ich von einem Atheisten, und sei es von einem ‚bekennenden', höre, dass es Gott nicht gebe, fällt mir ein: Aber er fehlt. Mir."

V. Kapitel
Die klassische Religiosität ist vorbei

„Verweltlichung", wohin man schaut

Von „Entweltlichung" predigte Papst Benedikt XVI. auf seiner Deutschlandreise im September 2011 und löste damit heftige Diskussionen aus. Sei nun auch die katholische Kirche für die sonst vom Laizismus betriebene stärkere Trennung von Religion und Staat? Wolle sie gar von sich aus auf die Hilfe des Staates beim Eintreiben von Kirchenabgaben, auf den Religionsunterricht in öffentlichen Schulen, auf Theologische Fakultäten an den staatlichen Universitäten verzichten, also auf Dinge, die in Konkordaten zwischen dem Heiligen Stuhl und einzelnen Ländern mühsam ausverhandelt worden waren?

Dem Nachfolger Petri ging es aber sicher nicht um eine solche Veränderung im Verhältnis von Kirche und Staat, sondern um einen Appell an die eigenen katholischen Gläubigen, sich nicht von den Dingen dieser Welt zu sehr gefangen nehmen zu lassen, also nicht der „Verweltlichung" (wie Säkularisierung oft ins Deutsche übersetzt wird) zu verfallen. Ihr weltlicher Besitz trug der Kirche ja immer wieder negative Kommentare ein, zuletzt erst knapp vor dieser Papstreise, als man entdeckte, dass der deutschen Diözesen gehörende „Weltbild“-Verlag auch alles andere als katholische Literatur, nämlich auch freizügige Erotik-Artikel vertrieb.

Mit Bezug auf die „Entweltlichung“-Predigt des Papstes schrieb der evangelische Theologe Bernd Oberdorfer in dem von ihm mit herausgegebenen Band „Machtfaktor Religion“, dass sich heute eben nicht nur von außen, sondern auch innerhalb der Religionen kritische Stimmen gegen ein Streben nach gesellschaftlichem Einfluss durch Religionen und deren Vertreter wenden: „Die ‚konstantinische Wende‘ im vierten nachchristlichen Jahrhundert beispielsweise, in der das Christentum von der verfolgten Sekte zur öffentlich geförderten Religionsgemeinschaft mit vielfältigen Gestaltungsmöglichkeiten wurde, ist immer wieder als großes Verhängnis wahrgenommen worden, da diese hierfür weltliche Geltung und sicheres Auskommen ihre überweltliche Seele verkauft habe. Und Verweltlichung gehörte ja auch zu den Vorwürfen, mit denen die Reformatoren die römische Kirche ihrer Zeit überzogen. Heute wird derselbe Vorwurf allerdings eher in die entgegengesetzte Richtung erhoben: gegen den sich angeblich dem Zeitgeist ausliefernden Protestantismus, der Frauen ordiniert, Homosexuelle segnet, Geschiedene wiederverheiratet etc.“

Die These von der Säkularisierung, von der ständigen Abnahme der Bedeutung von Religion in einer modernen Gesellschaft, in der die Religionsgemeinschaften ihre einstige Vormachtstellung ganz oder weitgehend an den Staat verloren haben, gilt nach wie vor als umstritten. Im Islam ist die Idee des Gottesstaates, in dem die Religion Gesetz und Ordnung vorgibt, noch höchst lebendig und beispielsweise im Iran auch verwirklicht. Abfall vom Glauben ist mit drakonischen Strafen bedroht, man versucht jeden Ansatz von Säkularisierung im Keim zu ersticken. Der Versuch der Kemalisten, die Türkei zu säkularisieren, ist aus heutiger Sicht gescheitert, die Trennung von Religion und Staat ist im Islam nicht vorgesehen und lässt sich in einer mehrheitlich muslimischen Gesellschaft offenbar kaum realisieren. In den westlichen Demokratien mit traditionell christlicher Mehrheit ist allerdings die fortschreitende Abkehr von den Kirchen und ihren Werten kaum zu übersehen. Schon 1995 fragte der Titel eines von Karl Schmitt und Jürgen Hoeren herausgegebenen Buches: „Werden unsere Kinder noch Christen sein?" Ganz überraschend kann aber für bibelfeste Christen ein Glaubensschwund gar nicht kommen, steht doch im Lukas-Evangelium (Kapitel 18, Vers 8) die Frage Jesu: „Wird jedoch der Menschensohn, wenn er kommt, auf der Erde (noch) Glauben vorfinden?"

Die deutsche Autorin Elisabeth Hurth stellt in ihrem Buch „Religion im Trend oder Inszenierung für die Quote?" in Frage, dass es einen Megatrend Religion, wie ihn manche zu sehen meinen, oder eine De-Säkularisierung gibt: „Während die Akzeptanz traditioneller Glaubensvorstellungen schwindet und die Mitgliedschaft in einer Kirche, der Gottesdienstbesuch sowie die religiöse Erziehung in der Familie stetig zurückgehen, reden Religionsforscher, Theologen und Kirchenvertreter von einer ‚Wiederkehr' der Religion." Hurth misstraut demoskopischen Untersuchungen, wonach das Interesse an Religion zunehme, zumindest profitierten die Kirchen nicht davon: „Die Renaissance des Religiösen geht offensichtlich unmittelbar zu Lasten seiner kirchlich gebundenen Verfassung. Die modernen Sinnsucher leben ihren Glauben ohne Kirche oder schreiben ihr keine Kompetenz in Fragen zu, die sie persönlich betreffen. ... Religion ist ‚in', die Kirche ist leer. Außer an Weihnachten. Auch bei Hochzeiten und Beerdigungen will man nicht ohne Pfarrer auskommen. Doch mehr Kirche ist nur selten gefragt."

Hurth, die sich vor allem mit der oft als Quotenbringer eingesetzten Rolle von Religion in den Medien beschäftigt, hält fest: „Religion ist heute weder die lebensbestimmende Macht für den Einzelnen noch verbindlicher gesellschaftlicher Rahmen. Daran ändert auch die These vieler Zeitbeobachter nichts, dass Massenmedien wie das Boulevardblatt Bild oder das Fernsehen heute als Religionsersatz fungieren. Auch wenn die Medien Menschen in eine außeralltägliche Wirklichkeit hineinführen, auch wenn sie Trost spenden und Hoffnung auf ein ‚Mehr' des Lebens wecken, sind sie letztlich doch ganz von weltlichen Zusammenhängen bestimmt und nicht von einer Transzendenz außerhalb der Welt."

Regina Polak und Christoph Schachinger schreiben in einem Beitrag für den Österreich-Bericht der Europäischen Wertestudie (EWS) 1990–2010 „Zukunft. Werte. Europa", Österreich gehöre noch „zu den überdurchschnittlich religiösen Ländern". Das sagt sehr viel über die allgemeine Entwicklung aus, wenn man die Lage in Österreich kennt. 2003 (damals gab es 39.584 Austritte) zählte man in Österreich noch 5,75 Millionen Katholiken, Ende 2011 nur noch 5,41 Millionen. 2010 kehrte unter dem Eindruck der Missbrauchsfälle in katholischen Einrichtungen eine Rekordzahl von 85.960 Personen der größten Glaubensgemeinschaft im Lande den Rücken, 2011 normalisierte sich die Lage, aber immer noch machten 58.603 Personen ihrer Mitgliedschaft ein Ende. Österreichs kirchliche Statistik zeigt auch deutlich einen Rückgang beim Messbesuch: 2003 zählte man am Christkönigssonntag noch 881.279 Gottesdienstteilnehmer, 2010 nur mehr 694.697.

In Österreich macht aber auch der Islam einen Wandel durch, wenn die Ergebnisse zutreffen, die der Wiener Pastoraltheologe Paul Zulehner im November 2011 aus der Langzeitstudie „Religion im Leben der Österreicher 1970–2010" präsentierte (Kathpress, 4. November 2011). So ist der Moscheebesuch unter den jungen Muslimen von 41 auf 25 Prozent gesunken. Betrug die „Unterwerfungsbereitschaft" gegenüber geistlichen Autoritäten in der ersten Generation muslimischer Zuwanderer noch 93 Prozent, so liegt sie in der zweiten Generation bei nur mehr 55 Prozent. Bei den Frauen halbierte sich die Zustimmung zum Autoritarismus sogar von 61 auf 31 Prozent – und liegt damit laut Zulehner unter dem Durchschnittswert aller österreichischen Frauen.

Der Gläubigenschwund ist ein gesamteuropäisches Phänomen. In Deutschland verlieren zum Beispiel die katholische und die evangelischen Kirchen Jahr für Jahr rund 300.000 Mitglieder und damit ständig an Boden. In Tschechien hat sich bei der Volkszählung im Frühjahr 2011 fast die Hälfte der Bürger gar nicht zu ihrem Religionsbekenntnis geäußert. 2001 gab es dort noch zweieinhalb Millionen deklarierte Katholiken, 2011 bekannten sich nur noch 1,1 Millionen zu dieser Kirche. Laut der polnischen Kirchenstatistik für 2011 verzichten dort bereits 60 Prozent der Katholiken auf die Sonntagsmesse. Innerhalb von 20 Jahren hat die Zahl der Besucher um 20 Prozent abgenommen, bei den Jugendlichen sogar um ein Drittel. Kirchenaustritte wurden 2011 nur 459 registriert, allerdings gibt es in Polen keine Kirchensteuer.

Unreligiös, aber noch in der Kirche

Der Rückgang der formalen Kirchenmitgliedschaft fällt naturgemäß in Ländern, wo diese mit spürbaren Steuern oder Beiträgen verbunden ist, höher aus, sagt aber noch nicht alles. Diverse Studien offenbaren, dass viele, die in einer Kirche bleiben, schon lange nicht mehr alle dort verkündeten Glaubens- und Wertvorstellungen teilen. Auf der anderen Seite empfinden sich Personen als religiös, die keiner Religionsgemeinschaft angehören. Polak und Schachinger unterscheiden in ihrem Beitrag sechs verschiedene Typen: konfessionelle Religiöse, konfessionelle Unreligiöse, konfessionelle Atheisten, konfessionslose Religiöse, konfessionslose Unreligiöse und konfessionslose Atheisten.

Die meisten konfessionellen Religiösen findet man laut EWS in katholisch oder orthodox geprägten Ländern wie Polen, Griechenland, Rumänien, Italien, Kroatien und der Slowakei (alle zwischen 75 und 88 Prozent), die wenigsten in Ostdeutschland, Schweden und Tschechien (alle deutlich unter 30 Prozent). In manchen Ländern ist ein relativ hoher Prozentsatz der Kirchenmitglieder bereits unreligiös oder sogar atheistisch eingestellt. Diese noch vorhandenen Zugehörigkeiten seien „ungedeckte Schecks", schreiben Polak und Schachinger, hier bestehe eine Tendenz zur Auswanderung aus den Kirchen. Neben den protestantischen Ländern Schweden (mit dem Rekordwert von 35 Prozent), Finnland und Dänemark fallen vor allem Westdeutschland (etwa 30 Prozent), Österreich (etwa 20 Prozent) und die Schweiz in diese Gruppe. Tatsächlich weisen diese Länder in den letzten Jahren hohe Austrittsraten aus den Kirchen auf. Gibt es Anlässe zur Empörung über die Kirchen – zum Beispiel die Missbrauchsskandale –, so schnellen diese Werte hinauf. Religiöse Menschen ohne Bindung an eine Konfession stellen eine relativ kleine Gruppe dar, die aber in Europa, außer in Polen und Griechenland, für die EWS überall erfassbar war, am stärksten in den Niederlanden, in der Slowakei und in Ungarn.

Die Zustimmung zu traditionellen religiösen Werten ist in Europa, wenn man die Europäische Wertestudie 2010 ansieht, im Durchschnitt gesunken, aber die Entwicklung verläuft in den einzelnen Ländern nicht immer eindeutig. Zum Beispiel ist die Zahl jener, die Euthanasie unter keinen Umständen in Ordnung finden, in vielen westlichen Ländern zwischen 1990 und 2008 von einem bereits relativ niedrigen Niveau weiter gesunken und liegt in Belgien nur noch bei 13 Prozent (im Kosovo sind es noch 92 Prozent, auf Zypern 84 Prozent, in Österreich 44, Deutschland 52, Schweiz 36). Dagegen ist die Zahl jener, die an ein Leben nach dem Tod glauben, weit stabiler und liegt zwischen 26 Prozent in

Albanien und 94 Prozent in der Türkei (Österreich 61, Schweiz 53, Deutschland 40).

Der Gallup-Index 2012 zu Religiosität und Atheismus ermittelte weltweit deutliche Unterschiede zwischen den Religionen, was die Selbsteinschätzung der Gläubigen anlangt. Als „religiöse Person" bezeichneten sich unter den Christen 83 Prozent der Protestanten, 81 Prozent der Katholiken, 78 Prozent der Orthodoxen und 80 Prozent der Angehörigen anderer christlicher Konfessionen. Am meisten identifizierten sich Buddhisten, nämlich zu 97 Prozent, mit dem Begriff „religiöse Person", Hindus zu 82 Prozent, Muslime zu 74 Prozent, Juden aber nur zu 38 Prozent. Hinter solche Daten ist immer, und hier speziell im Fall der Juden, ein Fragezeichen zu setzen: Von den weltweit fast 52.000 von Gallup befragten Personen waren nur 106 Juden und Israel gehörte nicht zu den 57 Ländern der Studie.

Von diesen 57 Ländern weisen in der Gallup-Befragung im Vergleich zwischen 2005 und 2012 mehrere einen eklatanten Rückgang an „religiösen Personen" auf. In Vietnam sank deren Anteil in diesem Zeitraum am meisten: von 53 auf 30 Prozent, es folgen Frankreich (von 58 auf 37 Prozent), die Schweiz (von 71 auf 50), Südafrika (von 83 auf 64), Island (von 74 auf 57), Ecuador (von 85 auf 70) und die USA (von 73 auf 60). Weltweit wurde ein durchschnittlicher Rückgang um 9 Prozentpunkte – von 77 auf 68 Prozent – festgestellt. Die höchsten Anteile an – sich selbst so bezeichnenden – „religiösen Personen" erreichten Ghana (96 Prozent), Nigeria (93) und Mazedonien (90). Signifikant höhere Werte als 2005 erreichten nur wenige Länder: Pakistan mit 84 Prozent (2005: 78), Mazedonien mit 90 (85), Serbien mit 77 (72), Rumänien mit 89 (85), Malaysia mit 81 (77).

„Wie ein Tsunami“: die Säkularisierung

Es scheint im Durchschnitt einen globalen Rückgang an Religiosität zu geben, der aber keineswegs alle Länder und Religionen gleich erfasst hat. In der römisch-katholischen Kirche wird dieser Rückgang jedenfalls wahrgenommen, und zwar vorwiegend in den westlichen Industrieländern. Die Säkularisierung habe dort „wie ein Tsunami“ einen drastischen Einbruch des kirchlichen Lebens ausgelöst, konstatierte Kardinal Donald William Wuerl, Erzbischof von Washington, zum Auftakt der Bischofssynode über Neuevangelisierung im Oktober 2012 in Rom. Am 12. September 2012 hatte der Wiener Erzbischof, Kardinal Christoph Schönborn, in Berlin beim jährlichen „Michaelsempfang“ auf Einladung der Deutschen Bischofskonferenz „nüchtern und diagnostisch“ im Blick auf die vergangenen 40 Jahre festgestellt: „Das Christentum wird immer marginaler.“

Noch einen Monat früher, am 8. August 2012, hatte der spanisch-amerikanische Religionssoziologe José Casanova in Salzburg erklärt, die „weibliche Säkularisierung“ sei der „signifikanteste Faktor in der seit den 1960er Jahren drastisch voranschreitenden Säkularisierung westeuropäischer Gesellschaften“. Im 18. Jahrhundert hätten sich aus der katholischen Kirche die vorwiegend männliche Intelligenz und im 19. und 20. Jahrhundert das männliche Proletariat zurückgezogen, seit den 1960er Jahren habe der Auszug der Frauen aus der Kirche begonnen. Der Umgang der Kirche mit modernen Frauen stelle einen Versuch dar, sich den „radikalen Veränderungen der Rahmenbedingungen“ zu entziehen, meinte Casanova: „Der Feminismus scheint den Kommunismus als Schreckgespenst aller religiösen Traditionen ersetzt zu haben.“

Die Säkularisierungsthese im engeren Sinn – dass Religion grundsätzlich langsam, aber sicher von der Bildfläche verschwindet

– wird von vielen führenden Religionssoziologen nicht vertreten. Sie halten sowohl eine Renaissance der Religionen als auch eine andere, aber quantitativ kaum geringere Religiosität außerhalb der herkömmlichen Religionsgemeinschaften für möglich.

Beachtung verdient die im Sommer 2012 erschienene Studie „The End of Secularization in Europe?" (Sociology of Religion, Volume 73, Issue 2) der Demographen Eric Kaufmann, Anne Goujon und Vegard Skirbekk. Sie neigt aufgrund von Daten aus zehn europäischen Ländern – sehr vorsichtig – zu dem Schluss, Westeuropa könnte am Ende des 21. Jahrhunderts religiöser sein als an dessen Beginn. In sechs nordwesteuropäischen Ländern, in denen die Säkularisierung früh begonnen habe, sei sie ins Stocken geraten, in anderen Ländern könnten die religiöseren Zuwanderer und die höheren Geburtenraten der gläubigen Frauen zu einer Wende führen. In diese Richtung hat Kaufmann, der am Birkbeck College der Universität London tätig ist, auch in seinem Buch „Shall the Religious Inherit the Earth" argumentiert.

Polak und Schachinger erläutern in ihrem Beitrag, dass zwar die an Institutionen orientierte Religiosität nachlässt, aber nicht die individuelle: „Auf der Ebene der subjektiven Religiositäten lassen sich umfassende Veränderungsprozesse erkennen. Empirische Studien beobachten seit Ende der 90er Jahre steigende Zustimmungsraten zu religiösen Selbstverständnissen. Traditionell kirchlich gebundene Religiosität erodiert; Religiosität verliert dabei aber keinesfalls vollständig an Bedeutung. Man spricht von einer ‚Entkoppelung' subjektiver Religiositäten von institutionalisierter Religion. Mit Labels wie ‚Spiritualität', ‚Esoterik', ‚unsichtbare', ‚alternative' oder ‚fluide' Religiosität werden diese neuen religiösen Sozialformen beschrieben. Menschen suchen in Distanz von religiösen Institutionen nach erfahrungsgesättigter und lebensnaher ‚Spiritualität'. Diese kann, muss aber nicht immer religiös interpretiert werden. Die Suche nach

Werten spielt dabei eine zentrale Rolle. Quantität und Qualität des Phänomens sind bis heute umstritten.“

Es kommt, wie es der Theologe Paul Zulehner im Juli 2012 in einem Gespräch mit der „Wiener Zeitung“ ausdrückte, „von der christlichen Monokultur zur weltanschaulichen Verbuntung, in Österreich vom katholischen Sportrasen zur überbunten Blumenwiese“. Das sei jetzt der Megatrend. Laut Zulehner war es „einer der empirischen Megafehler der Religionssoziologie der 70er Jahre“, dass man meinte, „Europa sei munter dabei, sich zu säkularisieren, und übrig bleibe ein aufgeklärter, gottfreier und daher den Menschen alles überlassender, wunderbarer, fortschrittsfreudiger und endlich humaner und gewaltloser Humanismus“, das sei aber falsch: „Zu sagen, Europa sei säkularisiert, ist völlig daneben. Die Zukunft gehört der weltanschaulichen Vielfalt, nicht einer monotonen Säkularität.“

Zulehner verweist in diesem Zusammenhang auf das umfassende Schweizer Nationale Forschungsprogramm 58 (NFP 58) „Religionsgemeinschaften, Staat und Gesellschaft“, dessen 2012 veröffentlichte Ergebnisse freilich neben einem Trend zu religiöser Vielfalt auch Säkularisierung dokumentieren. Während in den Freikirchen 85 Prozent der Gläubigen „institutionell“, also praktizierend sind, sind es bei den Katholiken nur 23 Prozent, bei den reformierten Protestanten nur 15 Prozent. 70 Prozent der reformierten Protestanten und 66 Prozent der Katholiken stehen ihrer eigenen Kirche distanziert gegenüber – der Rest der Kirchenmitglieder, also 15 bzw. 11 Prozent, hat sich säkularen oder alternativreligiösen Praktiken (wie Yoga oder Reiki) zugewandt.

In einem Interview mit einem Schweizer Mediendienst (www.swissinfo.ch, 19. August 2012) meinte der französische Politikwissenschafter und Islam-Experte Olivier Roy mit Bezug auf die NFP 58-Studie, die Säkularisierung schreite weiter voran: „Denn was man als Rückkehr des Religiösen bezeichnet, ist gar keine. Man kommt nicht zurück auf frühere Formen der Religionen. Diese Religionen befinden sich sehr wohl in einer Krise, sie stagnieren oder sind rückläufig. Was sich jedoch entwickelt, sind die charismatischen Bewegungen im Christentum, die jüdische Loubavitch-Bewegung oder jene der Salafisten im Islam. Diese Bewegungen sind extrem kritisch gegenüber den klassischen religiösen Institutionen und der traditionellen religiösen Kultur. Der Fundamentalismus gedeiht in der religiösen Dekulturation. Man könnte meinen, die Bewegung der Säkularisierung münde automatisch im Triumph der Vernunft und dem Ende jeglicher Suche nach Religiosität. Für einen Teil der Bevölkerung, nämlich die Laizisten, ist dies der Fall. Aber bei vielen Menschen besteht der Wunsch nach Spiritualität. Diese bildet sich heutzutage um neue Formen der Religiosität herum, auch im Rahmen traditioneller Religionen."

In Europa erkennt Roy keine Zunahme religiöser Praktiken: „Es gibt mehr Menschen, welche die Kirchen verlassen, als Leute, die sich neuen religiösen Formen zuwenden. Aber diese neuen Formen sind viel sichtbarer, einfach deshalb, weil sie sich nicht in die traditionelle religiöse Landschaft einfügen." Man konzentriere sich, so Roy, auf religiöse Symbole wie Minarette oder Burkas und die damit verbundene Polemik in der Öffentlichkeit: „Von da stammt der Eindruck einer religiösen Welle, die durch statistische Daten keineswegs untermauert wird."

Fazit ist: Die klassische Religiosität ist – zumindest im europäischen Christentum – vorbei, manche bleiben zwar in einer größeren Kirche, suchen sich aber dort Gruppen, in denen sie sich wohlfühlen, unter Umständen auch eher charismatische oder fundamentalistische, oder pendeln zwischen verschiedenen religiösen Angeboten und privater Spiritualität hin und her.

Christliche Kirchen in der Krise

Die Religiosität mag sich nur ändern, die Bindung an Institutionen lässt jedenfalls deutlich nach – und mit ihr das Wissen über bisher fast jedermann geläufige religiöse Inhalte. Philip Jenkins skizziert in seinem Buch „Gottes Kontinent?“ dieses Symptom von Säkularisierung: „Zahlreiche Einzeleinschätzungen geben, wie Meinungsumfragen bestätigen, Hinweise darauf, dass selbst grundlegendste christliche Lehren nicht mehr bekannt sind. Einer britischen Erhebung zufolge waren über 40 Prozent der Befragten nicht in der Lage zu erläutern, was an Ostern gefeiert wird.“ Jenkins beklagt: „Kunstgalerien können längst nicht mehr davon ausgehen, dass der durchschnittliche Besucher das Wissen um ‚Himmelfahrt‘ und ‚Verklärung‘ mitbringt. ... Ein tschechischer Beobachter kritisierte, dass seine jüngeren Landsleute ‚nicht einmal wissen, worum es an Weihnachten geht‘. Wenn sie in Kunstgalerien Darstellungen von Jesus Christus sehen, können sie damit gar nichts anfangen. Ein Mädchen fragte in Betrachtung einer Kreuzigungsdarstellung: ‚Wer hat ihm das angetan?‘ Ihr Freund antwortete: ‚Die Kommunisten.‘“

Vor allem die jüngere Generation in Europa hat zu Glauben und Kirche nur noch sehr wenig Beziehung. Von den 18–29-Jährigen sagten in der EWS etwa in Estland nur 8, in Belgien nur 11 Prozent, Gott sei wichtig in ihrem Leben, in der Türkei waren es 88, in Georgien sogar 93 Prozent. Auch die Werte in Österreich (17 Prozent) und Deutschland (16 Prozent) sind schwach, deutlich höher dagegen in der Schweiz (31 Prozent). Dort haben auch 32 Prozent dieser Altersgruppe viel Vertrauen in die Kirche, in Deutschland 31 und in Österreich 23 Prozent. Spitzenreiter ist hier Georgien mit 95 Prozent, gefolgt vom Kosovo (88).

Fakten sind: Die christlichen Kirchen verlieren in den westlichen Industrieländern Mitglieder und Vertrauen. Die römisch-katholische Kirche hat in diesen Ländern zu wenig Priesternachwuchs, sie erlebt hier, aber auch weltweit einen eklatanten Rückgang an Ordensfrauen. Das bedeutet einen Verlust an Mitarbeitern und damit an Möglichkeiten, in die Gesellschaft hineinzuwirken. Dazu kommt ein Verlust an Überzeugungen bei den Mitgliedern, wie Umfragen zu Glaubensinhalten beweisen. Man hält die Kirche oft nicht mehr für kompetent, zu bestimmten Fragen Stellung zu nehmen. Religiöse Veranstaltungen werden seltener besucht, als weltfremd empfundene Moralvorschriften, insbesondere auf dem Gebiet der Sexualität, werden kaum befolgt.

Wie der „Freizeitmonitor 2012" des Salzburger Zentrums für Zukunftsstudien für Deutschland und Österreich ergab, stehen bei Tätigkeiten, die man in der Freizeit gerne ausübt, zwei Dinge ganz weit unten: Gottesdienste zu besuchen oder sich ehrenamtlich zu engagieren. Konsumorientiertes Leben ist heute bequemer als soziales Engagement, das bekommen besonders auch die Kirchen zu spüren.

Dass die Religionen, nun die christliche, in ein bis zwei Generationen wahrscheinlich auch jene der Zuwanderer, also besonders die muslimische, Schwierigkeiten haben, ihre Mitglieder bei der Stange zu halten, liegt auch an hausgemachten Problemen. In einer modernen demokratischen Welt kommt ein reines Pochen auf Autorität ohne vernünftige Argumente nicht mehr an. Das hat beispielsweise in der römisch-katholischen Kirche eine heftige Gehorsamsdebatte ausgelöst.

In einer bereits sehr transparenten Mediengesellschaft wird Fehlverhalten schonungslos aufgedeckt. So konnten beispielsweise die lange erfolgreich vertuschten Fälle von sexuellem Missbrauch und von Gewalt an Kindern in kirchlichen Einrichtungen nicht mehr länger verheimlicht werden, worauf nicht nur die Verbrechen selbst, sondern auch das lange Verschweigen und Bagatellisieren der Vorfälle der Kirche auf den Kopf fielen und ihre Glaubwürdigkeit enorm beschädigten, auch und vor allem in einem so katholisch geprägten Land wie Irland. Dessen Regierung kritisierte den Vatikan so scharf, dass dieser sogar seinen diplomatischen Vertreter in Dublin abberief.

Und schließlich zeigte besonders die katholische Kirche wenig Fähigkeit zum Dialog nach innen, etwa mit reformfreudigen Kräften in Österreich wie der mit dem „Aufruf zum Ungehorsam" weithin aufgefallenen Pfarrerinitiative, der von namhaften ehemaligen Politikern unterstützten Laieninitiative oder der aus dem von einer halben Million Katholiken unterschriebenen „Kirchenvolksbegehren" hervorgegangenen Plattform „Wir sind Kirche". Mit diesen Gruppierungen verbundene Reforminitiativen gibt es bereits in vielen anderen Ländern. Dass den protestantischen Kirchen, die etliche der geforderten Reformen wie Zulassung von Verheirateten oder Frauen zum Priestertum beziehungsweise zu geistlichen Ämtern längst verwirklicht haben, auch die Gläubigen abhandenkommen, lässt vermuten, dass auch in der römisch-katholischen Kirche von solchen Reformen keine Wunder zu erwarten wären. Das heißt nicht, dass sie nicht fällig wären. Es erklärt aber, warum Rom, das dann sicher eine konservative Abspaltung befürchten müsste, schon aus rein praktischen Gründen keine Veranlassung zu Veränderungen sieht, die man im Vatikan auch theologisch ablehnt.

Je nach weltanschaulichem Standpunkt mag den Europäern der Niedergang der Kirchen – der natürlich nichts über die Richtigkeit des christlichen Glaubens, allenfalls über dessen Stellenwert in unserer modernen Gesellschaft aussagt – mehr oder weniger nahegehen. Auf jeden Fall ist bedenkenswert, was der Innsbrucker katholische Theologe Jozef Niewiadomski im Jänner 2012 ausgesprochen hat: „All die Kräfte, denen die Zivilgesellschaft ein echtes Anliegen ist, müssten über den Prozess der Erosion kirchlicher Gemeinschaften längst besorgt sein." Die vielzitierte „soziale Kälte" in unserer Zeit geht wohl nicht zufällig mit dem Verlust an gemeinschaftlich gelebter Religiosität einher.

VI. Kapitel

Religion hat kaum noch politischen Einfluss

Religion und Staat – eine unendliche Geschichte

„Die ‚säkulare Orthodoxie' ... fordert die generelle Trennung von Staat und Religion ... Ihr entgegen wirkt die ‚Ultraorthodoxie' ..., die die Verwandlung Israels in einen theokratischen Halacha-Staat ... erstrebt. Keine der beiden Zielvorstellungen dürfte in ‚reiner Form' umsetzbar sein. Neben den ... zahlenmäßig überschaubaren Gruppen der säkularen wie der ultraorthodoxen Juden – den beiden Polen im ‚Kulturkampf' – besteht die Mehrheit der jüdischen Staatsbürger aus Menschen, für die weder die Trennung von Staat und Religion noch eine ‚Khomeinisierung' Israels akzeptabel wären."

Am Beispiel Israels, wo religiöse Parteien eine entscheidende Rolle als „Zünglein an der Waage" spielen, analysiert die deutsche Nahost-Expertin Angelika Timm – im 2012 von Bernd Oberdorfer herausgegebenen Buch „Machtfaktor Religion" – „zwei gegensätzliche Optionen", die im Verhältnis von Staat und Religion als Zukunftsszenarien erkennbar sind: den völlig säkularen Staat mit strikter Trennung von und völliger Neutralität gegenüber jeder

Religion oder die Theokratie, das heute zu Recht als überholt geltende Modell eines von Religionsführern im Sinne ihres Glaubens gelenkten Staatswesens.

Auf der anderen Seite, so Bernd Oberdorfer in „Machtfaktor Religion", gehöre zu Religionen „immer auch eine normative Weltordnung, die den Gläubigen Lebensorientierung vermittelt". Die Gebote sollen eingehalten, die Werte gelebt werden, damit werde die Weltgestaltung zu einem religiösen Auftrag: „Die Gestaltung des sozialen Lebens ist religiös nicht neutral. Deshalb gehört Gesellschaftskritik im Namen Gottes zu den hervorstechendsten Merkmalen der alttestamentarischen Prophetie." Religionen könnten, so Oberdorfer, kaum darauf verzichten, „Visionen des Lebens der sozialen Welt als Ganzer" über ihre Anhängerschaft hinaus zu entwickeln. Gerade die christlichen Kirchen äußern sich daher regelmäßig zu sozialen Themen, etwa die katholische Kirche seit 1891 in mehreren „Sozialenzykliken".

Einerseits seien in den Religionen selbst Tendenzen da, keine weltliche Macht anzustreben, anderseits, meint Oberdorfer, komme dazu „vor allem in der Neuzeit, ein von außen kommender Einwand gegen einen über die Grenzen der eigenen Gruppe hinausgehenden Einfluss von Religionsgemeinschaften: Religion ist eine zutiefst individuelle Überzeugung, so heißt es dort, die nicht vernünftig verallgemeinerbar ist. Religiöse Überzeugungen dürfen daher der Allgemeinheit nicht zugemutet werden, sie gehören in eine Privatsphäre, wo sie so lange ungehindert ‚ausgelebt' werden dürfen, wie Unbeteiligte dadurch nicht eingeschränkt werden."

Wer macht noch mit Religion Politik?

Im Nahen Osten eilen nach dem „Arabischen Frühling" dort, wo gewählt wird, politische Parteien mit religiöser Ausrichtung von Sieg zu Sieg, die Muslim-Brüder, aber auch die radikalen Salafisten. Und dort, wo freie Wahlen vermutlich nicht das von den religiösen Führern erwünschte Ergebnis bringen würden, beispielsweise im Iran, sorgt schon der „Wächterrat" dafür, dass nur dem herrschenden Ayatollah-Regime genehme Kandidaten zum Zug kommen. Die Religion, in diesem Fall der Islam, ist in dieser Weltregion allem Anschein nach an der Macht, während sie in Europa, so meinen Beobachter, aus Politik und Gesellschaft weitgehend zurückgedrängt wurde und zur Privatsache geworden ist.

In der muslimischen Welt werden allerdings oft erst die ersten Erfahrungen mit demokratischen Strukturen gemacht. Nach der Ablöse von mehr oder weniger diktatorisch regierenden Machthabern vertraut das Volk zunächst einmal auf die traditionelle Religion und die damit verbundenen Personen. Das ist keineswegs unverständlich. Ob sich die maßgeblichen muslimischen Politiker im arabischen Raum durchwegs als radikale Verfechter der Scharia und eines alle anderen Religionen ausgrenzenden islamistischen Gottesstaates erweisen und sich mit einer solchen Haltung auf längere Zeit halten werden, ist noch offen.

Als in Europa große Parteien entstanden, führten auch mehr von ihnen als heute das hohe C des Christentums im Namen, meistens ohne religiöse Scharfmacher zu sein. Sie nahmen nur – zumindest damals zu Recht – an, dass eine solche Bezeichnung bei vielen Bürgern Vertrauen auslösen würde. Auch in europäischen Ländern wie Deutschland, Österreich oder Italien erlebten christdemokratische Parteien nach dem Ende von Diktatoren wie Hitler und Mussolini ihre beste Zeit. Zum Fall des Eisernen Vorhangs trugen Christen in Osteuropa, angefangen vom polnischen Papst Johannes Paul II., nicht unwesentlich bei, wie Joachim Jauer in seinem Buch „Urbi et Gorbi“ schreibt. Nach der Wende von 1989 gelangten in Osteuropa vorübergehend deklarierte Christen wie zum Beispiel der polnische Gewerkschaftsführer Lech Walesa in höchste Staatsämter. Umgekehrt war es in den 1970er Jahren nach den politischen Umwälzungen in Spanien oder Portugal, da dort offensichtlich einflussreiche Teile der katholischen Kirche den Machthabern Franco und Salazar zu nahe gestanden waren. Auch aufgrund der sozialen Lage in diesen Staaten kamen dort rasch linke Parteien ans Ruder.

Auf die islamische Welt übertragen, würde das bedeuten: Sollte das gegenwärtige Mullah-Regime im Iran stürzen und sollten dort demokratische Strukturen entstehen, wäre es für einige Zeit sehr unwahrscheinlich, dass dort prononciert islamische Kräfte eine führende Rolle spielen werden. Der deutsch-ägyptische Politikwissenschafter Hamed Abdel-Samad schrieb in seinem 2011 erschienenen Buch „Krieg oder Frieden. Die arabische Revolution und die Zukunft des Westens“: „Bei Saudi-Arabien und Iran handelt es sich um zwei veraltete Diktaturen, die keine Zukunft haben. Spätestens mit dem Ende des Erdölzeitalters werden beide Systeme, sollten sie sich nicht rasch modernisieren, der Geschichte angehören. Dennoch, oder vielleicht gerade deshalb, bleibt ihr Zerstörungspotenzial groß. Für mich ist Saudi-Arabien die größte Gefahr für den Weltfrieden, denn es besteht aus einer schizophrenen Mischung aus Geld, Sippenkultur, amerikanischer Popkultur, modernen Waffen und einer religiösen Ideologie, die den Rest der Welt für Untermenschen hält. Die Tatsache, dass nicht nur Bin Laden, sondern auch 15 der 19 Attentäter des 11. September 2001 aus Saudi-Arabien stammen, ist nur durch diese explosive Mischung zu erklären.“

Abdel-Samat erklärt auch den Hintergrund der salafitischen Bewegung, die in den letzten Jahren im Islam ständig an Einfluss gewonnen hat und als verlängerter Arm der Wahhabiten Saudi-Arabiens gilt: „Seit dem Jahr 1744 besteht ein Pakt zwischen dem saudischen Königshaus Al Saud und der fundamentalistischen Bewegung der Wahhabiten, die eine Machtteilung vorsieht: Das Königshaus herrscht unangefochten, und die Wahhabiten bestimmen die religiöse Bildung und kontrollieren die Moral auf der Straße. Der Wahhabismus war die Basis für die Entstehung der salafitischen Bewegung im 19. Jahrhundert, die nun weltweit auch mit saudischen Geldern ihre missionarischen Aktivitäten finanziert. Ihre Ideologie versucht, die Muslime zu der reinen Lehre des Ur-Islam zurückzuführen und eine Gesellschaft aufzubauen, wie sie in Medina im 7. Jahrhundert bestand. Alles, was unislamisch ist, wird verpönt. Auch andere islamische Richtungen wie der Sufismus oder das Schiitentum werden als Häresien angesehen."

Abdel-Samad bringt auf den Punkt, warum islamische Länder nicht zu echter Demokratie finden: „Ägypten und alle anderen arabischen Länder stehen am Scheideweg. Entweder man entscheidet sich für eine echte Demokratie und damit auch für eine Gleichberechtigung von Mann und Frau, von Christen, Muslimen, Bahai, Alawiten, Kurden und Areligiösen, oder diese Demokratie wird daran scheitern, dass man die Vergangenheit nicht hinter sich lassen kann. Immer scheiterte die Modernisierung in der arabischen Welt an zwei hohen Mauern: der Stammeskultur und der Religion. Beide Mauern waren der beste Schutz für Diktatoren. Die arabischen Nationen müssen beide Mauern niederreißen oder zumindest einige Durchgänge öffnen."

Religionen können große Kraft daraus gewinnen, wenn sie in politischen Konflikten ihre Ideale hoch halten und sich nicht von den Machthabern vereinnahmen lassen.

Das zeigt auch die jüngere Geschichte Südafrikas, über die Dirk J. Smit im Buch „Machtfaktor Religion" schreibt: „Im Kampf gegen die Apartheid war die Rolle geistlicher Führer und kirchlicher Persönlichkeiten viel prominenter als in der Rechtfertigung der Apartheid. Es ist unmöglich, bei dem Gedanken an die Kritik an der Apartheid nicht sofort an die Namen zahlreicher geistlicher Führer zu denken – Desmond Tutu, Beyers Naudé, Allan Boesak, Wolfram Kistner, Frank Chikane, und auf regionaler und lokaler Ebene an viele mehr."

Auch die gegenwärtigen Regime von China, Nordkorea oder Kuba werden sich nicht ewig halten, auch dort ist durchaus damit zu rechnen, dass Parteien oder Personen mit einem auf das jeweilige Land zugeschnittenen religiösen Hintergrund an die Macht kommen.

Die Suche nach „Lichtgestalten"

„Die Kirchenoberhäupter sollten die Entscheidung der Bürger bei politischen Wahlen nicht beeinflussen." Es verwundert nicht, dass in der jüngsten Europäischen Wertestudie (EWS), erhoben im Jahr 2008, in fast allen einbezogenen Ländern die Mehrheit der Bevölkerung diesem Satz zustimmte, nur in Georgien (31 Prozent) und Nordirland (49) lag die Zustimmung darunter. Doch gegenüber 1999 war der Grad der Zustimmung in fast allen Ländern – Ausnahme: Spanien – gesunken, zum Teil sogar deutlich. Am höchsten lag er noch in Frankreich mit 79 Prozent (1999: 86). Österreich verzeichnete einen Rückgang von 85 auf 68, Deutschland einen von 75 auf 63 Prozent, in der Schweiz lag die Zustimmung zu diesem Satz 2008 bei 68 Prozent (1999 gab es dort dazu keine Erhebung). Die klare Mehrheit der Europäer wünscht sich demnach keine Einmischung der Religionen in die Politik, mag auch die anders denkende Minderheit im Zunehmen sein.

Auf der anderen Seite ist unverkennbar, dass man für bestimmte politische Ämter sogenannte Lichtgestalten sucht. In Deutschland musste nach dem von den Medien herbeigeführten Rücktritt von Bundespräsident Christian Wulff im Februar 2012 eine solche her. Und nach einem kurzen parteipolitischen Gerangel holte man den Bürgerrechtler Joachim Gauck, einen ehemaligen evangelischen Pastor, ins höchste Staatsamt – letztendlich mit Zustimmung der Kanzlerin, der evangelischen Pfarrerstochter Angela Merkel, die, wie sie selbst erklärte, seinerzeit in der DDR mit Gauck in der Sehnsucht nach Freiheit verbunden gewesen war.

Zeigte Gaucks Berufung, wie sofort heftig diskutiert wurde, dass für ein solches Amt nun wieder eher Menschen mit religiösem Hintergrund gefragt sind? Schließlich standen neben Gauck auch die früheren Ratsvorsitzenden der Evangelischen Kirche Deutschlands, Margot Käßmann und Wolfgang Huber, sowie die als engagierte Protestantin bekannte Grünen-Abgeordnete Katrin Göring-Eckardt in der engeren Wahl. Dass kaum Katholiken im Gespräch waren – Wulff war auch erst der zweite katholische deutsche Bundespräsident, während etwa Richard von Weizsäcker oder Johannes Rau Funktionen in der evangelischen Kirche innehatten –, werfe, so der frühere CDU-Generalsekretär Heiner Geißler in einer TV-Diskussion, „schon ein Licht auf die zunehmende Bedeutungslosigkeit des politischen Katholizismus“.

Der politische Katholizismus der Zwischenkriegszeit, als Geistliche – wie in Österreich zum Beispiel Prälat Ignaz Seipel – höchste politische Ämter bekleideten, ist heute überwunden. Wenn es jedoch kaum noch katholische Laien zu geben scheint, die sowohl in der Politik als auch in ihrer Kirche aktiv sein wollen, wirft das schon die Frage auf, ob sich die Katholiken noch ihrer Weltverantwortung bewusst sind oder – und das nicht erst, seit Papst Benedikt XVI. „Entweltlichung“ empfohlen hat – heute Glaube und Politik lieber säuberlich trennen. Immerhin waren die Gründerväter der heutigen Europäischen Union, der Deutsche Konrad Adenauer, der Franzose Robert Schuman und der Italiener Alcide de Gasperi, Männer, die mit ihrem katholischen Glaubensbekenntnis nicht hinter dem Berg hielten.

Als prononcierte Katholiken sind in Deutschland derzeit weniger CDU-Politiker, sondern vielmehr der grüne Ministerpräsident von Baden-Württemberg Winfried Kretschmann, der sogar dem Zentralkomitee der deutschen Katholiken angehört, und SPD-Generalsekretärin Andrea Nahles bekannt. Die inzwischen verstorbene, in ihrer Kirche sehr engagierte katholische CDU-Politikerin Hanna-Renate Laurien (sie stammte aus einem protestantischen Haus, ihre Schwester wurde Pastorin) musste wie manch anderer erleben, dass die katholische Kirchenleitung etliche Aktivitäten ihrer Schäflein (Laurien nahm im Verein „Donum vitae“ zur Schwangerenberatung eine differenziertere Haltung als die Bischöfe ein) gar nicht schätzt. Protestanten tun sich da ohne ein oberstes Lehramt leichter. Sogar der Wechsel vom geistlichen Amt zu einer politischen Karriere – wie ihn in Österreich seinerzeit die burgenländische Superintendentin Gertraud Knoll, die für die Bundespräsidentschaft kandidierte, vollzog – ist möglich.

Dass auf der Suche nach einem politischen Messias, der aus dem Sumpf der allgemeinen Unmoral als Persönlichkeit ohne Fehl und Makel herausragt, gerade unter religiösen Persönlichkeiten Ausschau gehalten wird, heißt aber noch lange nicht, dass das Volk nur solchen gute Politik zutraut. Dem Satz „Politiker, die nicht an Gott glauben, sind ungeeignet für ein öffentliches Amt“ stimmte in der jüngsten EWS in fast allen Ländern nur eine –

manchmal sogar verschwindende – Minderheit der Befragten zu: in Dänemark 3 Prozent, in Schweden 4, in den Niederlanden und in Norwegen 5, in Island und Belgien 6 Prozent. In der Schweiz waren es immerhin 13, in Deutschland 19 und in Österreich 22 Prozent. Mehrheitlich lehnte man nur in Georgien (80 Prozent), Türkei (66), Aserbaidschan (63), Kosovo (60) und Armenien (53) Atheisten in politischen Funktionen ab.

In der heutigen EU hat man anscheinend eher etwas gegen Personen, die religiöse, womöglich sogar in der Öffentlichkeit verpönte Positionen des katholischen Lehramtes vertreten. Ein amerikanischer Autor wie Philip Jenkins hat in seinem Buch „Gottes Kontinent?“ dafür wenig Verständnis: „Am Thema Homosexualität wird offensichtlich, dass Überzeugungen und politische Ansichten, die von den meisten christlichen Kirchen verurteilt werden, inzwischen Teil der öffentlichen Meinung geworden sind. Dies kann so weit gehen, dass sich selbst christliche Gegner der Homosexualität plötzlich als politische Abweichler bezeichnet sehen und erleben müssen, dass man ihnen aufgrund ihrer als zu extrem geltenden Ansichten die Eignung für ein offizielles Amt abspricht.“

Jenkins kommentiert den Fall des Italieners Rocco Buttiglione, der EU-Kommissar für Justiz, Freiheit und Sicherheit werden sollte, aber geäußert hatte, für ihn sei Homosexualität zwar keine strafbare Handlung und kein Grund zu Diskriminierung, aber aus seiner katholischen Glaubenshaltung heraus „sündhaft“, so: „Obwohl er damit seine Qualifikationen unter Beweis gestellt hatte, wie es wohl Amerikaner politisch korrekt formulieren würden, wurde er als für das Amt nicht geeignet abgewiesen. ... Versucht man diese Entscheidung logisch nachzuvollziehen, so würde sie bedeuten, dass sämtliche Christen traditioneller oder orthodoxer Herkunft innerhalb der Europäischen Union ihrer Ämter verlustig gehen müssten, und daraufhin, möglicherweise, in allen Mitgliedsstaaten."

Buttiglione äußerte in der Folge, die EU sei einer Art „sanftem Totalitarismus" verfallen, einer Art Staatsreligion, die einer „Religion des Atheismus, des Nihilismus" entspreche. Jenkins nannte ein weiteres Beispiel dafür, dass die EU zur Religion tunlichst Abstand hält. So habe der frühere irische Premierminister John Bruton angesichts der Kontroverse um die Europäische Verfassung in der „New York Times" vom 13. Oktober 2003 „eine Form säkularer Intoleranz in Europa" konstatiert, „die in jeglicher Hinsicht so stark ausgeprägt ist wie die religiöse Intoleranz in der Vergangenheit".

Jene Kräfte, die heute in Europa am lautesten mit Religion Politik machen, sind die Rechtspopulisten. Wenn die Freiheitliche Partei Österreichs (FPÖ) mit Plakaten wie „Pummerin statt Muezzin" (der Name der großen Glocke des Wiener Stephansdoms versus den Rufer zum muslimischen Gebet) oder „Daham statt Islam" Stimmung macht, darf man nicht daraus schließen, dass diese Partei einen besonders hohen Anteil an Kirchgängern zu ihren Mitgliedern oder Wählern zählt oder den Beifall der Leitungen der christlichen Kirchen erhält. Wenn eine solche Politik viel Zustimmung bekommt, so ist das kein Erfolg für die Religion, sondern für Politiker, die wieder einmal erfolgreich die Religion vereinnahmen konnten.

Denn diese Politik spricht eher die „Kulturchristen" (Paul Zulehner) beziehungsweise jene Gruppe an, die der französische Philosoph Remi Brague, dem im Oktober 2012 der Ratzinger-Preis verliehen wurde, in einem Interview mit Radio Vatikan als an der traditionellen europäischen Kultur hängende „Christianisten" bezeichnete: „Die Christen sind keine Christianisten! Es ist besser, Christianist zu sein als gar nichts, und zwar weil die Anwesenheit dieser Kulturleistungen eine Tatsache ist, und zwar eine gewaltige Tatsache. Doch die Leute, die diese Errungenschaften geleistet haben, waren eben keine Christianisten, sondern echte Christen. Sie taten, was sie taten, weil sie an Christus glaubten und nicht nur allgemein an die westliche oder abendländische Kultur."

Instrumentalisieren der Religion aus politischen Motiven gibt es offensichtlich sowohl im Christentum als auch im Islam, und zwar durch Leute, die „päpstlicher als der Papst" oder „muslimischer als der Mufti" agieren, die Religion als Vehikel sehen und sich von den religiösen Autoritäten in ihrem Radikalismus nicht bremsen lassen. Dieses Phänomen ist aber quantitativ wahrscheinlich schwächer, als es aufgrund einiger spektakulärer Auftritte oder sogar Terroranschläge erscheint, und möglicherweise sogar der Beleg dafür, dass die echte politische Bedeutung der Religionen so gesunken ist, dass manche meinen, man müsse sie mit radikalen Mitteln wieder ins Gespräch bringen.

Recht und Gesetz wider religiöse Werte

In alten Zeiten bestand eine weitgehende Übereinstimmung zwischen gesellschaftlichen und religiösen Werten, wobei bestimmte für die damalige Gesellschaft sinnvolle Regeln (zum Beispiel das Verbot, Schweinefleisch zu essen) eher aus hygienisch-praktischen Motiven erstellt wurden als aus religiösen Gründen (die man aber dann, um dem Verbot mehr Gewicht zu verleihen, zusätzlich ins Treffen führte). Sieht man sich heutige Gesetze und Gerichtsurteile in Westeuropa an, so ist von einem Einklang mit religiösen Werten nur mehr wenig zu spüren.

In vielen Bereichen führt die Religion Rückzugsgefechte. Der Schutz des Sonntags und der Feiertage, auch der säkularen, als arbeitsfreie Zeiten ist weitgehend durchlöchert oder aufgehoben. Die Ladenöffnungszeiten beziehen in den meisten europäischen Staaten Sonn- und Feiertage bereits mit ein. Der Schutz des Lebens von der Empfängnis bis zum natürlichen Tod war früher in den meisten Ländern Europas selbstverständlich, ist dies aber schon lange nicht mehr. Abtreibung, zumindest innerhalb einer gewissen Frist, ist weitgehend keine Rechtsverletzung mehr, auch Sterbehilfe wird zunehmend toleriert. Bioethische Fragen, etwa die Präimplantationsdiagnostik, werden immer häufiger nicht im Sinne der kirchlichen Positionen geregelt. Die Ehe als Bund von Mann und Frau oder die Familie im Sinne von miteinander verheirateten Eltern mit Kind oder Kindern sind häufig nicht mehr geschützte Lebensformen, sondern anderen Formen von Partnerschaft und Zusammenleben gleichgestellt.

Was für jede Freiheit gilt – nämlich, dass sie dort enden sollte, wo sie die Freiheit eines anderen einschränkt –, betrifft naturgemäß auch die Religionsfreiheit. Grundsätzlich wird sie in den westlichen Industrieländern nicht in Frage gestellt, wohl aber ist die jüngere Geschichte voll von Auseinandersetzungen über Gesetze und Urteile, die sich auf die Religionsausübung beziehen. Ob sich dabei manche gestört fühlen, wenn sie in der Öffentlichkeit Burkas oder Kreuze sehen, oder ob sie mit Beschneidung Kindesmisshandlung und mit Schächtung Tierquälerei verbinden – für heiße Diskussionen ist gesorgt. Wie sehr sich Religion im öffentlichen Raum bemerkbar machen darf, ist in säkularen Gesellschaften ein heikles Thema (in anderen geht es eher darum, ob sich die Minderheitsreligionen bemerkbar machen dürfen). Die jeweiligen Fälle betreffen alle Religionen und werden meist nur bekannt, wenn Gerichtsverfahren ausgefochten werden.

Johannes Heil, der Leiter der Hochschule für jüdische Studien in Heidelberg, registriert dabei eine wachsende Religionsfeindlichkeit in der Gesellschaft. Am 10. Oktober 2012 sagte er beim Symposion „Religion der Vernunft – Vernunft der Religion in Judentum, Christentum und Islam" der Eugen-Biser-Stiftung in Hamburg: „Das Religionen-Bashing gehört ja zu der Erfahrung der letzten Jahre, ob es um Kopftücher, Glockengeläut, noch so kleine Minarette, Straßensperren zu Fronleichnamsprozessionen oder zuletzt zur Frage der Beschneidung geht." Gerade die Debatte um die religiöse Beschneidung von Buben zeige, dass das Religiöse derzeit in der Defensive sei. „Wäre der Begriff Kulturkampf nicht so klar historisch besetzt, hier wäre er angebracht", erklärte der Religionshistoriker und kritisierte, es werde „keinerlei Anstrengung unternommen, dem Religiösen, dem Heiligen Ehrfurcht und Respekt entgegenzubringen". Der evangelische Theologe Fernando Enns, Professor für Systematische Theologie und Ethik an der Freien Universität Amsterdam, unterstrich bei dieser Tagung: „Religion ist keine Privatsache, wie viele lange geglaubt haben, sondern sie will und sucht immer die Öffentlichkeit, und dort gehört sie auch hin."

Anlass für die letzten heftigen Debatten war ein Urteil des Landgerichts Köln. Es erklärte am 26. Juni 2012 die Beschneidung von Buben aus religiösen Gründen für rechtswidrig. Ein Vierjähriger, den ein Arzt 2010 auf Wunsch der muslimischen Eltern beschnitten hatte, hatte anschließend mit Nachblutungen ins Spital gebracht werden müssen, worauf die Staatsanwaltschaft Anklage gegen den Arzt erhoben hatte. Das Landgericht sprach zwar den Arzt in zweiter Instanz vom Vorwurf der Körperverletzung frei, stellte aber fest, dass eine Beschneidung ohne Einverständnis des Betroffenen grundsätzlich strafbar sei. In Abwägung zwischen der Religionsfreiheit und dem Erziehungsrecht der Eltern auf der einen Seite und dem Recht auf körperliche Unversehrtheit auf der anderen sei es den Eltern zuzumuten, so lang mit der Beschneidung zu warten, bis das Kind selbst darüber entscheiden könne. Die Folge waren scharfe Proteste jüdischer und muslimischer Verbände, aber auch der christlichen Kirchen, die in dem Urteil einen eklatanten Eingriff in die freie Religionsausübung sahen, und ein eiliges Vorgehen der Politiker, um ein Gesetz auf den Weg zu bringen, das Beschneidungen aus religiösen Gründen unter bestimmten Bedingungen legalisierte.

Immer wieder sorgt das sogenannte Schächten, die im Islam und im Judentum vorgeschriebene rituelle Schlachtung von Tieren, für hitzige Debatten. In den Niederlanden stimmten nach massiven Protesten religiöser Gruppen am 14. Dezember 2011 in der Ersten Kammer des Parlaments zwei Drittel der Senatoren gegen ein Verbot des Schächtens, wie es ein am 28. Juni 2011 auf Initiative der Tierschutzpartei von der Zweiten Kammer mit 116 gegen 30 Stimmen beschlossenes Gesetz vorsah. Jüdische und islamische Gruppen sahen darin eine Einschränkung ihrer Religionsfreiheit. Im Juni 2012 vereinbarte Staatssekretär Henk Bleker mit den religiösen Gruppen einen Kompromiss: Beim Schächten muss ein Tierarzt zugegen sein, der das Tier unter Betäubung tötet, wenn es 40 Sekunden nach dem Halsschnitt noch bei Bewusstsein ist. Von jüdischen Rechtsgelehrten wird dieser Kompromiss allerdings abgelehnt.

Im November 2011 sorgte ein Fall für Aufsehen, in dem ein deutsches Höchstgericht den Frieden an einer Schule höher als die Religionsfreiheit bewertete. Einem muslimischen Schüler in Berlin, der während der Schulpause öffentlich sein Mittagsgebet verrichten wollte, wurde das von der Schulleitung untersagt. Als Letztinstanz bestätigte das Bundesverwaltungsgericht in Leipzig diese Entscheidung, betonte aber, nur in Fällen wie dem vorliegenden, in denen eine Störung des Schulfriedens nicht auszuschließen sei, sei ein solches Verbot und damit eine Beschränkung der Religionsfreiheit gerechtfertigt. Das Gericht folgte der Argumentation der Direktorin des Diesterweg-Gymnasiums in Berlin-Wedding, die das öffentliche Gebet verboten hatte, um den Schulfrieden nicht zu gefährden. Dieses Gymnasium wird von Jugendlichen aus rund 30 Herkunftsländern mit verschiedenen Kulturen besucht. Nach Angaben der Schuldirektorin kam es an der Schule wiederholt aus religiösen Gründen zu Konflikten.

Muslime haben in Europa wahrscheinlich die größten Probleme, ihre Religion öffentlich auszuüben. Über den Bau von Moscheen, über die Höhe von Minaretten, über das Tragen von Kopftüchern, insbesondere aber über die Verschleierung mit einer Burka gibt es in vielen Ländern heiße Diskussionen und unterschiedliche Regelungen. In Belgien trat zum Beispiel am 23. Juli 2011 ein Burka-Verbot in Kraft. Muslimischen Frauen, die in der Öffentlichkeit einen Vollschleier tragen, droht dort seither eine Geldbuße in Höhe von 137,50 Euro. Die Klage zweier Frauen, die sich durch das Gesetz diskriminiert sahen, wies das belgische Verfassungsgericht am 5. Oktober 2011 ab.

Es fühlen sich in Europa aber auch längst Christen wegen ihrer Religion diskriminiert.

Die Religionsfreiheit sei wichtig, aber „kein absolutes Recht", sagte der britische Vertreter im September 2012 bei einer Anhörung vor dem Europäischen Gerichtshof für Menschenrechte. Es gebe keinen Anspruch darauf, bei der Arbeit ohne Einschränkungen seinen religiösen Überzeugungen folgen zu dürfen. Der Gerichtshof ist mit vier Klagen aus Großbritannien befasst. Darunter sind zwei Frauen, die wegen des Tragens von Schmuckkreuzen bei der Arbeit von British Airways gekündigt worden sind, während bei Sikhs und Muslimen deren religiöse Symbole toleriert wurden. In zwei weiteren Fällen hatten katholische Arbeitnehmer bestimmte Aufgaben auszuführen, die nach ihrer Auffassung zur Duldung der von ihnen abgelehnten Homosexualität beitragen: Eine katholische Mitarbeiterin eines Standesamtes weigerte sich, gleichgeschlechtliche Partnerschaften einzutragen, und ein Sexualtherapeut lehnte es ab, mit homosexuellen Paaren zu arbeiten.

In einer anderen Frage hat im März 2011 die große Kammer des Europäischen Gerichtshofes für Menschenrechte mit 15 von 17 Stimmen einen umstrittenen Spruch der kleinen Kammer (sieben Richter) revidiert und erklärt: „Die Entscheidung, Kruzifixe in Klassenzimmern anzubringen, fällt in den Beurteilungsspielraum des Staates." Damit wurde klargestellt, was ein Kläger in Frage gestellt hatte: dass christliche Kreuze in Klassenzimmern keine Grundrechte verletzen, wenn der jeweilige Staat dies so entscheide. Das Urteil ist für alle 47 Mitgliedstaaten des Europarates bindend.

Die Diskussionen, wo Religionsfreiheit endet, werden weitergehen. Der Streit um religiöse Symbole in der Öffentlichkeit kann, so ernst er meist zu nehmen ist, jedoch auch eine heitere Note bekommen: In Österreich fiel schon 2006 ein Politiker auf eine bewusst gestreute Falschmeldung herein und schlug Alarm, die Gipfelkreuze auf den Bergen der Alpenrepublik könnten womöglich entfernt und durch Halbmonde ersetzt werden. Ganz daneben lag er allerdings gar nicht: Im August 2012 produzierte die Gemeinde Garmisch-Partenkirchen einen Tourismus-Prospekt, auf dem das Gipfelkreuz der Zugspitze, des höchsten Berges Deutschlands, geschickt wegretuschiert war …

VII. Kapitel
Die Religion ist immer und überall

Spirituelle Praxis im säkularen Kleid

„Wir machen dasselbe wie im Buddhismus, aber ohne Buddhismus", sagt Jon Kabat-Zinn. Der Molekularbiologe und Begründer der Stress ReductionClinic an der Universität von Massachusetts hat sich weltweit einen Namen mit MBSR gemacht, der „MindfulnessBased Stress Reduction" (MBSR), zu Deutsch „Stressbewältigung durch Achtsamkeit". Sie schließt an die Sitzmeditation an, eine bekannte Form der Achtsamkeitspraxis, wie sie in den zahllosen Figuren des sitzenden Buddha abgebildet ist. In der buddhistischen Tradition symbolisieren diese Abbildungen die Verwirklichung des vollständig erwachten Geistes.

Auf dieser Grundlage, aber gleichzeitig davon gelöst, hat Kabat-Zinn im Jahr 1979 die „Stressreduktionsklinik" im Hospital der Universität von Massachusetts in der Arbeiterstadt Worcester gegründet. Er war überzeugt, dass die buddhistische Achtsamkeitsmeditation viel zur Gesundung von Patienten beitragen könne, insbesondere in jenen Fällen, in denen die konventionelle Medizin nicht mehr weiterhelfen konnte. Kabat-Zinn setzt dabei auf die „befreiende Einsicht", auf das „intuitive Wissen" (altindisch Vipassanâ), das diese älteste buddhistische Meditationsform kennzeichnet. Es geht um eine Achtsamkeit zum Zwecke der befreienden Einsicht, eine Einsichtsmeditation, die tiefe Zustände der Entspannung herbeiführen kann.

Zwei Voraussetzungen haben entscheidend dazu beigetragen, dass diese Achtsamkeitsmeditation bei Medizinern und Psychotherapeuten Fuß fassen konnte. Zum einen ist Kabat-Zinn ursprünglich Molekularbiologe und damit über jeden esoterischen Verdacht erhaben. Zum anderen konnte die Wirkung der Achtsamkeit sowohl auf das Gehirn als auch auf den Köper vielfach wissenschaftlich belegt werden. Jüngste neurobiologische Erkenntnisse zeigen, wie sich einzelne Gehirnregionen verändern – nicht nur während der Wachstumsphase, sondern jederzeit auch im höheren Lebensalter. So ist bei Meditierenden der rechte Inselcortex dicker. In dieser Region ist der „gefühlte Leib" abgebildet. Daraus erklärt sich die feinere Wahrnehmung körperlicher Empfindungen.

Der MBSR-Begründer hat Ende der 1970er Jahre zunächst mit Herzinfarktpatienten gearbeitet und die Methode für die Bewältigung von chronischen Krankheiten und alle Formen von Krebs weiterentwickelt. 19.000 Patienten, die großteils medikamentös nicht mehr behandelt werden konnten, sind in Massachusetts durch die Aufmerksamkeitsschule gegangen. „Wir haben sie gelehrt, eine bessere Beziehung zu ihren Schmerzen, zu ihren Symptomen zu finden. Binnen acht Wochen sind die körperlichen und seelischen Beschwerden dadurch deutlich zurückgegangen", sagt Kabat-Zinn. Die heilende Kraft der Achtsamkeitsmeditation bestehe darin, „mit dem Jetzt in Verbindung zu kommen, sodass unser Gehirn nicht auf Vergangenes oder Zukünftiges gerichtet ist". Heilung sei möglich, indem wir mit den Dingen nicht beurteilend umgehen, sondern sie als gegeben annehmen, ob gut oder schlecht. Es gehe darum, sich nicht auf das Leid oder den Schmerz zu fixieren, sondern mit sich selbst und seiner Situation so weit ins Reine zu kommen, dass das Unabänderliche akzeptiert wird und trotzdem Freude am Leben möglich ist.

Dass Meditation sich auf den Körper auswirkt, ist auch in anderen Zusammenhängen vielfach erwiesen. So kann Meditation eine stressbedingte Hypertonie (Bluthochdruck) senken. Patienten mit dieser Diagnose haben in einem Forschungsprojekt in Würzburg vier Wochen lang Meditationstechniken geübt und konnten danach auf blutdrucksenkende Medikamente verzichten. Eine mögliche Erklärung ist, dass bei diesen Hochdruckpatienten die verengten Blutgefäße durch die Wirkung der Meditation auf das vegetative Nervensystem entspannt werden. Denkbar ist auch, dass das Gehirn unter dem Einfluss dieser Technik die Ausschüttung von Stresshormonen drosselt.

Andere Studien zeigten, dass regelmäßiges Meditieren den Schlaf verbessert und das Immunsystem stärkt. Dass speziell die tibetische Meditation Gehirnströme nachhaltig verändert, bewiesen US-Forscher. Sie untersuchten tibetische Mönche mit Meditationserfahrung. Deren Gehirnwellen unterschieden sich nicht nur während der Versenkung, sondern auch davor von jenen „normaler" Menschen. Dieser meditative Zustand wird von den Buddhisten als „reines Mitgefühl" bezeichnet.

Eine andere religiöse Praxis, die in säkulare Bereiche eingegangen ist, ist das Aufsagen von Mantras. Ein Mantra ist eine meist kurze, formelhafte Wortfolge, die oft auch wiederholend rezitiert wird, sei es sprechend, flüsternd, singend oder in Gedanken. Im Hinduismus, im Buddhismus und im Yoga ist das Rezitieren von Mantras während der Meditation sowie im Gebet üblich, im Christentum und in der jüdischen oder islamischen Tradition während der Kontemplation.

Mantras haben sich unter anderen als Methode bewährt, die Symptome einer Posttraumatischen Belastungsstörung (PTBS) besser zu kontrollieren. Zudem hilft das lautlose Rezitieren von Sätzen oder Wortkombinationen einer kalifornischen Studie zufolge gegen Stress und Schlafstörungen. In der im Jahr 2006 im „Journal of Advanced Nursing" veröffentlichten Untersuchung überprüften Forscher aus San Diego den beruhigenden Effekt von Mantras an insgesamt 66 Kriegsveteranen und Krankenpflegern. Beide Gruppen sind häufig mit Stresssituationen konfrontiert. Die vorwiegend männlichen Kriegsveteranen und die überwiegend weiblichen Krankenpfleger lernten zunächst in einem Mantra-Kurs, eine Wort- oder Lautkombination eigener Wahl regelmäßig zu wiederholen. Die Teilnehmer der Studie wurden dazu ermutigt, das Mantra in gewöhnlichen und entspannten Situationen zu benutzen, damit sie es mit einer beruhigenden Wirkung verbanden, wenn sie es zu unruhigen Zeiten benötigten. 83 Prozent der Teilnehmer empfanden das Rezitieren des Mantras in Stresssituationen als hilfreich. Kriegsveteranen, die an PTBS litten, konnten mit dieser Methode beunruhigende Träume und unerwünschte Gedanken besser kontrollieren.

In jedem Fall leuchtet hier in neuer Weise eine Art Seele-Körper-Zusammenhang auf, der einer ausschließlich rationalen Betrachtung des Daseins zuwiderläuft. Auf diesem Hintergrund ist auch der Zulauf zu esoterischen Veranstaltungen und allerlei „heilenden" Angeboten – vielleicht sollte man besser sogar sagen „Heilsangeboten"– zu sehen. „In Deutschland boomt das Geschäft mit der Esoterik. Überall locken Messen Tausende Besucher, die nach Sinn suchen. An die Stelle der Kirchen sind teils seltsame Formen der Geistesertüchtigung getreten. Der Markt bedient nicht nur Spinner, sondern inzwischen auch ganz normales Bürgertum." So fasste „Der Spiegel" Nr. 30/2012 eine große Reportage über die vielen Spielarten quasi-religiöser Bewegungen und Phänomene zusammen.

Beinahe unüberschaubar ist das Angebot an Verkaufs- und Informationsveranstaltungen für Geist, Lifestyle und umfassendes körperlich-seelisches Wohlbefinden. Die Messe Bottrop lockt mit „Spirit und Life", in Gelsenkirchen gibt es die „Wohlfühlmesse", in Lindau die „Eso-Natura", in Oldenburg die „Para Vital", in Schwerin die „Esoterik- und Naturheiltage", im Congress Center Hamburg die „Lebensfreude-Messe".

„Spiritueller Sinnmarkt" nennt der Zukunftsforscher Eike Wenzel all die unterschiedlichen Bedürfnisse, die sich in derartigen Veranstaltungen fokussieren, von Coaching und alternativer Ernährung über Ökologie und Esoterik bis hin zu Weisheitslehren aus einem bunten Mix spiritueller Quellen und animistischer Naturreligionen. Die Entwicklung ist rasant. Der Dachverband für Geistiges Heilen e. V. mit Sitz in Heidelberg hatte im Jahr 1999 noch 500 Mitglieder, 2012 waren es bereits 6000.

Zu den Hintergründen dieses Booms meinte Wilhelm Schmid, Philosoph, Buchautor, Kolumnist und Vortragsreisender in Sachen „Lebenskunst", in der zitierten Spiegel-Reportage: „Wir leben heute in einer besonderen Zeit, der Moderne. Wir haben einen Haufen Freiheit, aber keine Ahnung: wozu das Ganze? Früher lebte man einfach nach Vorgaben. Gemacht von der Kirche, der Gesellschaft, der Familie. Heute gibt es keine Vorgaben mehr, aber auch keine Erfahrung mit der Freiheit. Wie lebe ich? Was ist mein Weg? Also gehen die modernen Menschen zu einem Berater, einem Fachmann, einem Guru, überallhin. Der Markt wird noch größer werden."

Diese flanierende spirituelle Suche unterscheidet sich stark von den kleinen religiösen Gemeinschaften, die in der zweiten Hälfte des 20. Jahrhunderts die Szene aufgemischt hatten. Hare Krishna, Bhagwan oder Transzendentale Meditation zielten auf eine intensive, oft genug sektiererisch anmutende Intensivgemeinde. Neuerdings werden für spezifische spirituelle Bedürfnisse gezielt Angebote ohne längerfristige Verbindlichkeit gesucht. „Ich trete keiner Gemeinschaft bei, sondern ich habe Fragen und auf die suche ich gezielt Antwort: in einem Vortrag, in einem Wochenendseminar oder im Kloster auf Zeit. Ich trete nicht in das Kloster ein, ich binde mich nicht an eine Gemeinschaft, aber ich gönne mir dort sieben Tage Rückzug aus dem Alltag", sagt dazu Dorothea Lüddeckens. Die Religionswissenschafterin an der Universität Zürich spricht von einer „fluiden Religion": „Die Spiritualität fließt in den Alltag hinein und der Alltag in das Religiöse. Wenn Sie Weleda-Produkte kaufen, dann ist da ein Stück Anthroposophie dabei, aber sie treten deshalb noch nicht in die Anthroposophische Gesellschaft ein. Sie entscheiden je neu für einen bestimmten Zeitraum oder einen Lebensbereich, welches spirituelle Angebot Sie nützen wollen."

Das Spirituelle ist in Bereiche hineingeflossen, die allgemeiner Natur sind. Lüddeckens nennt als Beispiel Krankenhäuser, die alternative Heilmethoden anbieten. Diese seien auf den ersten Blick nicht religiös. Sie stammten aber, wenn man den Hintergrund kenne, oft aus religiös-esoterischen Traditionen. Wieweit dafür das Etikett Religiosität noch zutreffe, lässt die Religionswissenschafterin offen: „Wenn Religion nur die Institution ist und das Dogma, dann ist vieles von dieser fluiden Religion nicht als religiös zu bezeichnen. Aber wenn ich Religion weiter fasse, sehe ich: Es fließen Bewegungen, Gedanken, Ideen, Werte aus religiösen Bereichen in Lebenswelten hinein, die sich selbst als säkular verstehen. Das geschieht, weil die Nachfrage da ist. Menschen wollen heute andere Heilmittel, andere Krankheitskonzepte. Ganzheitlichkeit ist ein Stichwort: Nicht nur mein Körper ist krank, sondern es geht auch um meinen Geist und meine Seele."

Die christlichen Großkirchen wollen da nicht ganz abseits stehen. Kirchliche Bildungshäuser gehen auf individuelle Bedürfnisse ein. Sie sprechen gezielt Menschen in besonderen Lebenssituationen an: Arbeitslose, Alte, Mütter, Trauernde. Sie versuchen, spirituelle Bewegungen zu integrieren, indem sie für Erfahrungen und Praktiken aus anderen Religionen durchlässig werden. „Sie können Yoga in der Kirche machen; Kinder malen in der Erstkommunion-Vorbereitung ein Mandala – und schon ist der Buddhismus drin", sagt Lüddeckens. „Früher ist man in die eigene Ortsgemeinde zum Gottesdienst gegangen, ob der Priester gepasst hat oder nicht. Heute überlegen viele genau, wo sie hingehen."

Das kann auch einmal ein Ausstellungs-Event statt des Sonntagsgottesdienstes sein. Im Jahr 2000 haben die Messe Dornbirn und die katholische Diözese Feldkirch erstmals die Kirchen-Messe GLORIA abgehalten. Das Zielpublikum sind nicht nur Angehörige des Klerus, die sich auf dieser im deutschsprachigen Raum einzigartigen Messeplattform über die neueste Mode für Ornamente, Sakralgegenstände und liturgische Kleidung informieren können. Darüber hinaus werden auch Besucher angesprochen, „die sich über das vielseitige und spannende Feld rund um den christlichen Glauben informieren wollen". Von Glocken- und Läutemaschinen über Kirchenfenster und Orgeln bis zu Pilgerwegen, sozialen und kulturellen Tätigkeiten sowie Literatur und Ethik reicht die Themenpalette. 2009 und 2011 fand die GLORIA erstmals in St. Pölten statt, seit 2012 in Augsburg.

Nicht unerwähnt darf an dieser Stelle die Revitalisierung traditioneller Wallfahrts- und Pilgerwege – Sie sind noch nicht den Jakobsweg gegangen?! – bleiben. Hier hat vor allem die römisch-katholische

Kirche erkannt, dass ein Reichtum ihrer Tradition geradezu idealtypisch in das aktuelle Reiz-Reaktionsschema von Angebot und Nachfrage passt. Im Jahr 2006 kamen erstmals in einem Jahr mehr als 100.000 Pilgerinnen und Pilger in Santiago an, gleichzeitig wurde in den 20 Jahren von 1985 bis 2006 die Millionengrenze überschritten. Tendenz steigend: Allein im „Heiligen Jahr" 2010 erreichten 270.818 Pilgerinnen und Pilger Santiago, in dem „gewöhnlichen" Jahr 2011 waren es immer noch 183.502 (vgl. www.pilgern.ch).

Nach Ansicht der Religionswissenschafterin Lüddeckens entspricht der Jakobsweg geradezu ideal der sehr individualisierten Form, spirituelle Bedürfnisse zu befriedigen. „Ich kann ihn so gehen wie ich will. Ich mache keine Pilgerfahrt mit meiner Kirchengemeinde, in der ich die Erstkommunion hatte und wo ich geheiratet habe, sondern ich folge meinem eigenen Impuls. Aber gleichzeitig kann ich als Pilger an eine Spiritualität anknüpfen, die eine lange Tradition hat. Ich stehe im Fluss mit vielen Menschen, aber aus eigener Entscheidung. Was früher Bindung war, ist heute Commitment, das, wofür ich mich selbst entscheide."

Der neue Vormarsch der Religionen

Dass diese neuen Formen der Religiosität nicht unbedingt in den christlichen Kirchen ihre Zuflucht finden, wird häufig mit der gängigen These der Säkularisierung erklärt. Diese wurde bereits bis zu ihrem finalen Punkt hin gedacht: Die Religion in Europa werde aussterben oder höchstens noch in kleinen privaten Zirkeln ihren Platz haben. Doch der Abgesang kam zu früh. Die Gesellschaft sieht sich zwar weitgehend nicht mehr an kirchliche Institutionen gebunden. Aber die Grenzen hin zu religiösen Erfahrungen sind nicht starr, sondern gleichen einer durchlässigen Membran. Seit dem Ende des 20. Jahrhunderts haben denn auch zwei international führende Religionssoziologen die These von der unaufhaltsam fortschreitenden Säkularisierung in ihrem Fundament erschüttert.

Der eine ist der spanisch-amerikanische Soziologe und Theologe José Casanova (geb. 1951 in Saragossa). Er hat 1994 unter dem Titel „Public Religions in the Modern World" diese strikte Säkularisierungsthese in Frage gestellt. Der andere ist der kanadische Philosoph Charles Taylor (geb. 1948 in Montreal). Er sieht in säkularisierten westlichen Gesellschaften bestimmte christliche Werte stärker verwirklicht, als dies jemals im christlichen Abendland vor der Aufklärung der Fall gewesen sei. Der Zugewinn an Freiheit und Autonomie, so Taylor, sei keineswegs zwingend mit dem Niedergang von Religion verbunden. Religion, zumal die christliche, könne ihre Potenziale in der Moderne besser entfalten als in vormodern religiösen Gesellschaften, weil Freiheit und Autonomie im Selbstverständnis des Christentums grundgelegt seien. Die schwindende Kirchenbindung in Europa dürfe nicht mit dem Verschwinden der Religion als solcher verwechselt werden. Die Zahl der sonntäglichen Gottesdienstbesucher könne als Maß für kirchengebundene Religiosität gelten, nicht aber als Indiz für Religion überhaupt.

Casanova und Taylor plädieren dafür, dass Religion nicht in den gesellschaftlichen Hinterhof verbannt wird, sondern sich öffentlich darstellt und sich damit auch öffentlich verantworten muss. Gleichzeitig ist damit eine Absage an jede Staatsreligion oder auch nur an die staatliche Bevorzugung einer Religion verbunden, die dieser eine Art Monopolstellung gewähren würde. „Europäische Gesellschaften, die über Jahrhunderte monoreligiös oder dual-konfessionelle Gesellschaften waren, müssen jetzt zum ersten Mal mit religiösem Pluralismus rechnen", sagt Casanova. „Mit dem Eintritt in die Moderne schien die Frage der Religion erledigt. Jetzt aber kommen Menschen, die nicht nur anders sind, sondern auch religiös sind: die Muslime. Und interessanterweise sind gerade diejenigen, die selbst nicht religiös sind, gegen die Muslime. Sie halten sich am meisten an den traditionellen Werten fest. Religiöse Europäer haben dagegen weniger Schwierigkeit, die Muslime als religiöse Menschen anzuerkennen."

Nicht nur Casanova und Taylor haben die Säkularisierungsthese in Frage gestellt. Auch US-amerikanische Religionswissenschafter halten dagegen. Die liberale Wochenzeitung „Die Zeit" titelte am 24. August 2006 gar „Gott auf dem Vormarsch". In Europa hätten sich Religion und Politik nach langen Konflikten abgegrenzt. „Aber um uns herum produzieren Globalisierung und Demokratisierung offenbar nicht eine Verweltlichung der Politik, sondern einen wachsenden Einfluss von Religion." Hintergrund war der Beitrag „Why God is winning" in der Juli/August-Ausgabe der amerikanischen Foreign Policy. Der Artikel stammte aus der Feder von Timothy Samuel Shah vom Pew Forum on Religion and Public Life und Monica Duffy Toft von der Kennedy School in Harvard.

Demnach sei Gott nicht nur in der islamischen Welt auf dem Vormarsch. „In Südafrika waren es Christen, die im Kampf gegen die Apartheid sich prominent hervortaten. In Indien wuchsen die religiös-basierten Hindu-Nationalisten zum wichtigsten Herausforderer der säkularen Kongress-Partei heran. In Amerika wurden die Evangelikalen zur wahlentscheidenden Kraft." Die mächtigen Schübe von Modernisierung und Globalisierung in den letzten drei Jahrzehnten des 20. Jahrhunderts fielen zusammen mit einer sprunghaften Zunahme an religiösem Erwachen. „Gerade 50 Prozent der Menschheit gehörten vor hundert Jahren den großen Religionsgemeinschaften Christentum, Islam und Hinduismus an, heute sind es 64 Prozent, es könnten bald nahezu 70 Prozent sein", schreiben die beiden Wissenschafter.

Die politische Bilanz ist aus Sicht der Autoren gemischt. Einerseits sei für 42 Prozent der Bürgerkriege seit dem Jahr 2000 eine radikal religiöse Politik „einer der Auslöser" gewesen. Anderseits hätten religiöse Bewegungen Millionen Menschen gegen autoritäre Regime mobilisiert, demokratischen Wandel ermöglicht, Menschenrechte gefördert und menschliches Leid gemildert. In jenen Ländern, die sich seit den 1970er Jahren demokratisiert hätten, seien religiöse Akteure in 63 Prozent der Fälle eine treibende Kraft gewesen. Das sei vor allem dort gelungen, wo die religiösen Bewegungen zentral geführt würden, wie in der römisch-katholischen Kirche. „Anders der Islam und die evangelikale Pfingstlerbewegung, deren lokale religiöse Führer häufig versucht sind, ihre organisatorische und politische Schwäche durch Radikalität zu kompensieren." Das Fehlen einer klaren religiösen Autorität im Islam habe dazu beigetragen, dass 34 von 42 Bürgerkriegen seit 1940 unter islamischer Beteiligung geführt worden seien.

In ihrer Ausgabe Nr. 32 vom 31. Mai 2012 legte „Die Zeit" in einem Interview mit Monica Duffy Toft noch einmal nach. „Gottes Jahrhundert ist angebrochen" war dieser Beitrag mit der Politik- und Religionswissenschafterin überschrieben. Er basierte auf ihrem 2011 erschienenen Buch „God's Century". In dem Interview gesteht Monica Duffy Toft auf die einleitende Frage, wo denn Gott an ihrer Universität zu finden sei, dass Harvard sich schwer damit tue. Die Bücher des Atheisten Richard Dawkins seien weit verbreitet, Gott dagegen komme im Lehrplan der Universität kaum vor. Aber: „Es gibt ein großes Verlangen, mehr zu lernen über Religion. Die Stimmung wandelt sich. Ich unterrichte einen Kurs über Religion und internationale Beziehungen gemeinsam mit einem katholischen Priester, der immer schwarzen Anzug und Priesterkragen trägt. Noch vor drei Jahren fragte mich völlig im Ernst ein Student: Warum trägt der immer die gleichen Klamotten? Heute käme eine solche Frage nicht mehr vor ... Die Welt modernisiert sich immer schneller, und der materialistische Lifestyle lässt die Menschen unbefriedigt zurück. Sie merken, wie sehr sie sich nach moralischer Ordnung sehnen."

Dazu kommt eine zweite, sozusagen europäisch hausgemachte Quelle. Lebenskunst-Philosoph Schmid spricht in der zitierten Spiegel-Reportage von der „Saturierung" – wir haben schon alles, aber war da nicht noch etwas? – und sieht darin eine Triebfeder zumindest für den Esoterikboom. „Die Menschen wenden sich nicht von der Religion ab, bloß weil ihre Grundbedürfnisse befriedigt sind. Im Gegenteil. Wer ein bestimmtes Level von sozialer Sicherheit erreicht hat, kann sich für das interessieren, was größer ist als er selbst." Die religionssoziologisch belegte Entkirchlichung des Glaubens in Europa sei dazu kein Widerspruch. „Die Europäer neigen nicht mehr so stark zum Kult und zum Gemeindeleben, aber immer noch zum Glauben. Mag sein, dass Religion in Europa aufs Privatleben beschränkt ist, aber auch dort kehrt sie jetzt als politisches Thema zurück – denken Sie an die Debatten über Minarette in der Schweiz oder Burkas in Frankreich."

Monica Duffy Toft sieht diese Wiederkehr der religiösen Frage nicht nur in Europa, sondern hält sie für ein maßgebliches Phänomen auf dem internationalen politischen Parkett. „Religion boomt in Afrika, Lateinamerika, Asien. In Staaten wie Nigeria und Indien finden Menschen, dass ein Politiker gläubig sein sollte. In den USA hieß es früher, dass ein Katholik niemals Präsident werden könne. Heute kann ein Atheist niemals Präsident werden." Ein Grund für diese Rückkehr der Religion im öffentlichen und politischen Leben sei der „von Muslimen ausgehende Druck, ihren Glauben in der Öffentlichkeit zu praktizieren". Dieser werde dazu führen, dass auch die Europäer ihren Glauben wieder neu bewerten.

Ähnlich sieht das ein welterfahrener Ordensmann: Notker Wolf, seit dem Jahr 2000 Abtprimas der Benediktiner und damit international der oberste Repräsentant der Gemeinschaft von gut 800 Abteien und Klöstern, in denen 25.000 Nonnen und Mönche leben. „Ich habe keine Glaskugel vor mir, aber ich bin überzeugt, der Geist Gottes wirkt und wird auch für das Christentum in Europa eine entsprechende Antwort finden. Vielleicht hat der Geist Gottes es auch ganz gern gesehen, dass der Islam zu uns gekommen ist, um uns mal wieder aufzuwecken." Die Religion sei der Kernpunkt der Identität eines Menschen. „Das wird bei uns im Westen nicht registriert. Bei uns wird Religion als Privatsache angesehen. Das ist das große Problem: Wir kapieren nicht, was Religion ist, und wollen es auch nicht verstehen, weil uns das herausfordern würde."

Der Islam ist eine solche Herausforderung. Nach Ansicht des deutschen Theologen und Religionswissenschafters Hans Küng habe vor allem die iranische Revolution im Jahr 1979 gezeigt, dass der Islam eine dynamische Religion sei. Der Schah von Persien habe noch gemeint, der Islam sei eine vernachlässigbare Größe; er hat die islamische Zeitrechnung für den Iran abgeschafft. Aber die Reaktion habe gezeigt, dass Religionen nicht einfach verschwinden. „Sie sind auch heute nicht verschwunden. Sie können wieder erwachen. Die iranische Revolution und der Ölschock haben einen Islam erwachen lassen, der dem Christentum ernsthaft Konkurrenz macht", sagt Küng.

Der Islam sei dynamischer geworden. „Man muss sicher genau beobachten, wie weit hier Geld und Macht ins Spiel kommen, wie das früher bei der christlichen Mission der Fall war. Vor allem die Wahhabiten in Saudi-Arabien haben die Strategie, dass sie den Bau von Moscheen in aller Welt finanzieren und als Gegenleistung verlangen, dass es dort konservative islamische Prediger gibt. Das wäre dann Kolonialismus mit umgekehrten Vorzeichen. Diese wahhabitische Ausformung des Islam, die mit Geld durchgesetzt wird, brauchen wir nicht. Der hiesige Islam muss sich an die demokratische Staatsordnung halten. Die steht im Widerspruch zum Islam der Wahhabiten."

Die Stärken des Islam sieht der Tübinger Religionswissenschafter in einer vergleichsweise einfachen Lehre. Das sei am Anfang auch im Christentum so gewesen, dieses habe sich aber immer mehr zu einem Glaubenssystem entwickelt, das über Begriffe wie Trinität oder Sohn Gottes spekuliere. Die zweite Stärke sei die Identität von Glauben und Handeln. Man erwarte, dass ein Muslim seinen Glauben im Leben vertrete. Die dritte Stärke des Islam sei die gute Anpassung an verschiedene Völker und Kulturen. Der Islam habe sich als biegsam erwiesen und einen Typ von Muslim geprägt, der von den Berbern in Marokko bis nach Zentralasien alle Gläubigen geformt habe, ohne sie alle in ein und dasselbe System zu pressen. In der Ehemoral zum Beispiel habe der Islam nicht versucht, eine Stammesmoral abzuschaffen, wenn diese etwa die Vielehe erlaubt habe.

Politischer Fundamentalismus „im Auftrag Gottes"

„Die Gefahr Islam" haben fundamentalistische Selbstmordattentäter der westlichen Welt am 11. September 2001 dramatisch vor Augen geführt. Die Anschläge auf das World Trade Center haben in New York eine Spur der Verwüstung und des Todes hinterlassen und in US-amerikanischen Seelen eine klaffende Wunde aufgerissen. Die Folgen sind mehr als ein Jahrzehnt danach noch weltweit spürbar. Nicht einmal die Hinrichtung des Al-Quaida-Führers Osama bin Laden am 2. Mai 2011 durch eine US-Kommandoeinheit hat einen Schlussstrich ziehen können unter das, was am 20. September 2001 begonnen hat: der „Krieg gegen den Terror".

Am Tag neun nach dem Terroranschlag auf das World Trade Center hat US-Präsident George W. Bush in einer Rede vor dem Kongress diesen „Krieg gegen den Terror" verkündet: „Liebe Mitbürger, heute Abend sind wir ein Land, das sich der Gefahr bewusst geworden und aufgerufen ist, die Freiheit zu verteidigen. Unser Schmerz wurde zu Wut, und Wut zu Entschlossenheit. Ob wir unsere Feinde zur Rechenschaft ziehen oder unsere Feinde ihrer gerechten Bestrafung zuführen, der Gerechtigkeit wird Genüge getan werden."

Die gesammelten Beweise würden alle auf Terrororganisationen hinweisen, „die als Al Quaida bekannt sind", sagt Bush. Diese sei für den Terror, was die Mafia für das Verbrechen sei. „Die Terroristen praktizieren eine Randform des islamischen Extremismus, die von muslimischen Gelehrten und der großen Mehrheit der muslimischen Kleriker abgelehnt wird – eine Randbewegung, die die friedlichen Lehren des Islam pervertiert. Die Terroristen haben Weisung, Christen und Juden zu töten, alle Amerikaner zu töten und keine Unterscheidung zu treffen zwischen Militär und Zivilisten, einschließlich Frauen und Kindern ... Diese Gruppe und ihr Anführer – eine Person namens Osama bin Laden – werden mit vielen anderen Organisationen in verschiedenen Ländern in Verbindung gebracht, einschließlich des Ägyptisch-Islamischen Dschihad und der Islamischen Bewegung Usbekistans."

Der Präsident versuchte ausdrücklich zwischen den islamistischen Terroristen und „dem Islam" zu unterscheiden. „Ich möchte mich heute Abend auch direkt an die Muslime aller Welt wenden:

Wir respektieren Ihren Glauben. Er wird von vielen Millionen Amerikanern in Freiheit ausgeübt sowie von vielen weiteren Millionen in Ländern, die Amerika zu seinen Freunden zählen darf. Die Lehren des Islam sind gut und friedvoll, und diejenigen, die Böses im Namen Allahs begehen, schänden den Namen Allahs. Die Terroristen sind Verräter ihres eigenen Glaubens, die im Grunde den Islam selbst zur Geisel machen. Feind Amerikas sind nicht unsere vielen muslimischen Freunde, und es sind nicht unsere vielen arabischen Freunde. Unser Feind ist ein radikales Netzwerk von Terroristen sowie jedes Land, das diese Terroristen unterstützt."

Diese Respektsbekundung gegenüber dem Islam als Religion ist allerdings im allgemeinen Tenor der Rede untergegangen. Hängen geblieben ist, auch bei Muslimen in aller Welt, die „Kriegserklärung". Diese liest sich in der offiziellen Übersetzung der US-Botschaft in der Bundesrepublik Deutschland so: „Wir werden alle uns zur Verfügung stehenden Mittel einsetzen – alle Mittel der Diplomatie, alle nachrichtendienstlichen Mittel, alle polizeilichen Instrumente, alle Möglichkeiten der finanziellen Einflussnahme und alle erforderlichen Waffen des Krieges, um das Netzwerk des weltweiten Terrors zu zerschlagen und zu besiegen. Dieser Krieg wird nicht so sein wie der Krieg gegen den Irak vor zehn Jahren, mit seiner gezielten Befreiung eines Gebietes und seinem schnellen Ende. Er wird nicht so aussehen wie der Luftkrieg im Kosovo vor zwei Jahren, wo keine Bodentruppen eingesetzt wurden und nicht ein einziger Amerikaner im Kampf fiel. Unsere Antwort umfasst weit mehr als unmittelbare Vergeltung und einzelne militärische Schläge. Die USA sollten sich nicht auf eine Schlacht, sondern sie müssen sich auf einen lang andauernden Feldzug einstellen, wie wir ihn bislang noch nicht erlebt haben. Dazu können bedeutende militärische Schläge gehören, die im Fernsehen zu sehen sein werden, und verdeckte Operationen, die selbst bei

Erfolg geheim bleiben werden. Wir werden die Finanzquellen der Terroristen austrocknen, sie gegeneinander ausspielen, sie von Ort zu Ort jagen, bis es keinen Ort der Zuflucht oder der Ruhe mehr für sie gibt. Und wir werden Staaten verfolgen, die ihnen Hilfe oder Unterschlupf gewähren. Jede Nation in jeder Region muss nun eine Entscheidung treffen. Entweder sind sie auf unserer Seite oder auf der Seite der Terroristen. Von diesem Tag an wird jeder Staat, der weiterhin Terroristen unterstützt oder ihnen Unterschlupf gewährt, von den USA als feindliches Regime betrachtet.“

Wer nicht auf unserer Seite ist, ist auf der Seite der Terroristen. Das sagen die USA, das Reich des Guten, die Nation, die auf dem Dollarschein den Glaubenssatz „In God we trust“ – Auf Gott vertrauen wir – stehen hat. Das ist zumindest in der Tonalität nicht viel anders als die Aussage auf der Koppel der deutschen Wehrmacht: „Gott für uns“. Wer kann da gegen uns sein, ist die logische Fortsetzung dieser In-eins-Setzung von Glaube und Nation. Im US-Wahlkampf 2012 hat der republikanische Kandidat Mitt Romney von der amerikanischen Verfassung als „von Gott inspiriert“ gesprochen.

Das möge für europäische Ohren etwas fremd erscheinen, schrieb dazu Andreas Weiß in der „Furche“ 8/2012. Das werde in den USA allerdings anders gesehen. „Schließlich haben sie es alle getan: George Washington war der Vorreiter, Abraham Lincoln und John F. Kennedy taten es ihm gleich und auch George W. Bush beherrschte es. Sie alle, ob Atheisten, Agnostiker oder Gläubige, ob Protestanten oder Katholiken, ob konservativ oder liberal, sprachen bei ihren öffentlichen Reden von und über Gott. Republikaner, die seit dem Aufstieg der evangelikalen Rechten nach 1970 ihre Religiosität zu einem zentralen Markenzeichen gemacht haben, aber auch Demokraten, die Religion und Glauben möglichst aus ihrer Politik fernhalten wollen: Wie der Soziologe Jacques Berlinerblau analysierte, verwendeten US-Präsidenten seit jeher in ihren politischen Auftritten Querverweise auf religiöse Motive, Bibel und Gott. Damit ist es eine zentrale Anforderung für einen US-amerikanischen Präsidenten, öffentlich den besonderen Status der USA, ihrer Bürger und ihren göttlichen Auftrag in der Welt zu bezeugen. So griff auch John F. Kennedy bei seinem Amtsantritt darauf zurück: ‚Lasst uns unser geliebtes Land führen, Gottes helfenden Segen erbitten, uns aber stets bewusst sein, dass hier auf Erden Gottes Auftrag der unsrige ist.'"

Das politisch Verhängnisvolle ist, dass auch andere sich auf diesen Auftrag Gottes berufen.

Der Gottesstaat Iran sieht diesen in der 1979 gegründeten Islamischen Republik verwirklicht. Bereits 36 Jahre vor der Revolution, im Jahr 1943, schreibt deren späterer Führer, Ruhollah Khomeini, dass die von ihm erträumte islamische Regierung auf göttlichem Recht basiere und ihre Gesetze deswegen nicht angezweifelt oder geändert werden dürften. 1963 ruft er wiederholt zur Revolution und zum Sturz des Schahs auf, 1964 wird er in die Türkei verbannt. Ein Jahr später geht er nach Nadschaf, der heiligen Stadt der Schiiten im Irak. Auf Druck des Schahs wird Khomeini dort unter Hausarrest gestellt und schließlich am 6. Oktober 1978 aus dem Irak ausgewiesen. Nach vier Monaten Exil in Paris kehrt er am 1. Februar 1979 in den Iran zurück und übernimmt die Führung der neuen „Islamischen Republik". Diese versteht sich als Theokratie mit demokratischen Elementen. So ist es nach der Verfassung möglich, dass der vom Volk gewählte Expertenrat den obersten Rechtsgelehrten abwählt.

Wie solch ein islamischer Staat („Hokumat-e eslami") aussehen soll, hat Khomeini bereits 1970 während seines Aufenthaltes im Irak dargelegt. Der deutsche Nahostexperte Peter Philipp referiert diesen Gottesstaat in einem Beitrag für die Bundeszentrale für politische Bildung (bpb) so: „Der islamische Staat müsse ein Staat des Gesetzes sein, wobei Gottes Wort Gesetz sei. Um Gottes Wort klar und eindeutig zu definieren, ist zunächst geplant, einen Rat der Rechts- und Religionsgelehrten zu schaffen, unter Khomeini wird daraus aber sehr rasch die Institution des ‚Obersten Rechtsgelehrten', der die unangefochtene Autorität in sämtlichen Fragen hat (‚velayat-e faqih' – die ‚Herrschaft des Obersten Rechtsgelehrten'). Niemand ist überrascht, dass Khomeini als erster dieses Amt des ‚Obersten Rechtsgelehrten' übernimmt, gefolgt nach seinem Tod durch Ayatollah Ali Khamenei. Das Wort des obersten Führers wiegt mehr als alles andere in der Islamischen Republik. Widerspruch kommt dem Tatbestand der Gotteslästerung nahe." So habe Ayatollah Khamenei 1997 den neu gewählten Präsidenten Khatami gewarnt, nie zu vergessen, dass es noch „eine Autorität über ihm" gebe. „Khamenei meinte sich selbst. Wie er seine Machtposition einsetzt, demonstrierte er beim Versuch des damals von Reformern beherrschten Parlaments, ein Gesetz für mehr Meinungs- und Pressefreiheit zu verabschieden: Khamenei ‚riet' davon ‚ab' und der Plan wurde fallen gelassen. Man wusste nur zu gut, dass der ‚Oberste Führer' das Oberkommando über die Sicherheitsdienste hat – hier besonders die ihm ergebenen ‚Revolutions-Garden' (‚Pasdaran') –, dass er die staatlichen Medien kontrolliert und dass er sich so – wie mit Hilfe des Wächterrates – auch direkt in die Politik des Präsidenten einmischen kann."

Der Islam als Grundlage der staatlichen Ordnung, insbesondere der Gesetzgebung – das war und ist auch nach dem „arabischen Frühling" ein Thema. Ein ausgewiesener Experte, der sich immer wieder persönlich aus nächster Nähe informiert, ist Hamed Abdel-Samad, Autor der Bücher „Der Untergang der islamischen Welt" und „Krieg oder Frieden". Im November 2011 sagte der führende islamische Intellektuelle, der in Deutschland lebt, über das künftige Verhältnis von Religion und Gesellschaft, von Scharia und Verfassung in Ägypten, die Ägypter seien seit den Pharaonen tiefreligiös. Aber die jungen Menschen, die Handy und Internet hätten, versuchten eine Balance zu finden. Sie wollten ihre Religiosität nicht abgeben, würden aber sauer, wenn ein religiöser Prediger eine Partei gründe. „Dann sagen sie: Du bist ein Heuchler, ein Prediger ist etwas anderes als ein Politiker."

Natürlich gebe es emotional den Wunsch, dass der Islam die Grundlage der Gesetze sei, sagt Abdel-Samad. „Aber das kommt nicht aus einer Überlegenheit, sondern aus einem Minderwertigkeitskomplex, weil die Menschen keine Alternative haben. Manche schämen sich, demokratische Konzepte eins zu eins aus dem Westen zu übernehmen. Wenn man sich am Ende fragt, was islamische Prinzipien bedeuten, dann sind die auch nicht so weit weg von den christlichen Zehn Geboten. Keiner erfindet das Rad neu. Die Hardliner wollen natürlich die Scharia. Ich sage, die Scharia ist ein trojanisches Pferd für die Demokratie. Das kann den ganzen Prozess von innen zerstören."

Aber umgekehrt seien auch der Demokratieprozess und die Wahlen eine Art Falle für die Islamisten, weil dadurch ihre innere Widersprüchlichkeit offenbar werde, meint Abdel-Samad. „Wenn die Islamisten an der Regierung beteiligt werden, dann werden sie entzaubert, entmystifiziert, weil sie keine Expertise haben. Sie können nicht mehr ihre heiligen Parolen verbreiten, sondern müssen wirtschaftliche und politische Projekte entwickeln. Die Erwartungen der Bevölkerung sind enorm. Mir ist lieber, dass die Islamisten mitregieren. Das ist besser, als wenn Demokraten und Linke regieren und scheitern. Dann kämen die Islamisten mit Macht zurück."

Abdel-Samad sieht in den Ländern des „arabischen Frühlings" eine Säkularisierungsbewegung mit dem Ziel, die politische Seite des Islam zu neutralisieren. „Das ist die einzige Chance, wenn man Demokratie will. Viele junge Leute sehen das. Es gibt aber auch die anderen. Wir erleben einen inneren Kampf der Kulturen in der arabischen Welt: zwischen säkularen und religiösen Kräften, zwischen Militärs und Demokratiebewegung, zwischen veralteten Stammesstrukturen und moderner Gesellschaft. Alle diese Kämpfe werden in den nächsten Jahren weitergehen, und der Ausgang dieses Kulturkampfes wird entscheiden, ob diese Länder sich Richtung Demokratie entwickeln oder in die politische Verwahrlosung geraten. Diese Option ist auch offen."

Auf lange Sicht glaubt der islamische Intellektuelle nicht, dass der Islam reformierbar sei und sich in Richtung Moderne entwickle. Weder der Islam noch das Christentum, noch das Judentum seien demokratiefähig, weil sie nicht in demokratischen Strukturen entstanden seien. Was das Christentum und das Judentum angehe, seien ihre religiösen Autoritäten politisch weitgehend entmachtet und hätten jenseits ihrer Kirchen und Synagogen keine politische Macht mehr. Das habe sie genötigt, aus dieser Schwäche heraus ihre Positionen neu mit den modernen Gesellschaften zu verhandeln. Diesen Schritt müsse auch der Islam vollziehen, weil er andernfalls von der gesellschaftlichen Entwicklung überholt werde. „Ich hoffe, dass sich nach den politischen Umwälzungen eine intellektuelle Revolution vollzieht, in der die Menschen die Religion dorthin zurückdrängen, wo sie hingehört: in den privaten Bereich. Das kann durch wirtschaftliche Entwicklung, soziale Mobilität, aber auch wissenschaftliche Auseinandersetzung mit den Quellen geschehen."

Aber gibt es einen dritten Weg zwischen einem völlig säkularisierten Staat wie das laizistische Frankreich und der politisch-religiösen Herrschaft eines islamischen Gottesstaats? Ja, sagt der Tübinger Religionswissenschafter Hans Küng. Die Muslimbrüder in Ägypten wollten keine völlig säkularisierte Gesellschaft, sondern sie verlangten, dass der Islam ernst genommen werde. Das Vorbild sei dabei eher die Türkei als der Iran oder Saudi-Arabien. „Sie sagen, der Islam gehört zu unserer Identität, daher wollten sie die Religion nicht verstecken, aber sie wollten auch kein autoritäres Regime."

„Das erscheint mir als Gegenprogramm gegen den Säkularismus im Geiste der Laizität, wie wir ihn in Frankreich kennen", sagt Hans Küng. „Dort gibt es keinen Religions- oder Ethikunterricht in staatlichen Schulen. Der Staat vermittelt seinen Kindern allein die republikanischen Werte ‚Freiheit, Gleichheit, Brüderlichkeit', doch dies kann allzu oberflächlich bleiben. Das ist ein extrem säkularistisches Programm, das die Französische Revolution propagiert hat, nachdem die Kirche die Revolution abgelehnt hatte. Das hat in muslimischen Ländern keine Zukunft."

Küng ist überzeugt, dass es einen dritten Weg zwischen Laizismus und Gottesstaat nicht nur gibt, sondern dass er unumgänglich sei, weil die beiden Extreme sich als nicht gangbar erwiesen hätten. „Mustafa Kemal Atatürk, der Begründer der Türkischen Republik (1924), hatte den rein säkularistischen Weg eingeschlagen. Das war damals notwendig, weil die Türkei sonst das osmanische Erbe nicht losgeworden wäre. Aber es hat sich gezeigt, dass viele Menschen, gerade auf dem Land, mit einer rein säkularen Partei, die vom Islam nichts wissen will, nichts anfangen können. Umgekehrt haben die ultrakonservativen Regime wie die Monarchie in Saudi-Arabien auch keine Zukunft."

Auch Hamed Abdel-Samad glaubt, dass viele arabische Staaten sich nicht an Saudi-Arabien und am Iran orientierten, sondern an der Türkei. „Die Türkei war ein Feindbild, solange sie auf den politischen Vorstellungen von Kemal Atatürk gegründet war, diesem extremen Laizismus oder Säkularismus. Mit der Regierung von Tayyip Erdogan ist eine Art Allianz entstanden: eine säkulare Basis des Zivilstaates, untermauert mit islamischen Prinzipien.“ Die Muslimbrüder in Ägypten haben eine Partei gegründet, die sie „Gerechtigkeit und Freiheit“ nannten, in Anlehnung an die Partei von Erdogan, die „Gerechtigkeit und Entwicklung“ heißt. In Marokko gibt es eine islamische Partei, die genauso heißt wie die von Erdogan.

Hier erkenne man, so Abdel-Samad, dass Rechtsstaatlichkeit und Demokratie der Weg seien. „Aber sie werden ein wenig anders interpretiert als in Europa, sie werden nach islamischen Prinzipien interpretiert. Ich habe mit einem Anführer der Muslimbrüder in Kairo gesprochen und ihn gefragt, warum man in der Demokratie islamische Prinzipien benötige. Er hat gesagt: Weil jede Demokratie die Gedanken aus dem eigenen kulturellen Repertoire schöpfen muss, nicht aus dem einer anderen Kultur. Die japanische Demokratie ist anders als die amerikanische, die ist anders als die arabische.“ Das sei verständlich. Es sei aber nur ein Zwischenstadium. „Denn wenn man tatsächlich demokratisch ist, dann ist man zwangsläufig auch säkular“, meint Abdel-Samad. „Die Demokratie erkennt nur den Menschen an, nicht irgendeine Ideologie als Basis für die Gesetzgebung. Gesetze folgen nicht aus göttlichen Botschaften, sondern sie kommen durch menschliche Anstrengung zustande, aus dem ‚common sense‘, aus dem Verhandeln.“

VIII. Kapitel
Der Streit um Glaube und Vernunft

Die Bibel, Darwin und die Evolution

Der Weg zur Anerkennung der Autonomie der „irdischen Wirklichkeiten“ ist in den arabischen und anderen muslimischen Ländern, die auf dem Weg zur Demokratie sind, noch weit. Es ist aber nur recht und billig daran zu erinnern, dass die römisch-katholische Kirche erst vor gut einem halben Jahrhundert, auf dem Zweiten Vatikanischen Konzil (1962–1965), zu dieser Haltung gefunden hat.

In der Pastoralkonstitution „Gaudium et spes“ heißt es dazu in Nr. 36: „Nun scheinen viele unserer Zeitgenossen zu befürchten, dass durch eine engere Verbindung des menschlichen Schaffens mit der Religion die Autonomie des Menschen, der Gesellschaften und der Wissenschaften bedroht werde. Wenn wir unter Autonomie der irdischen Wirklichkeiten verstehen, dass die geschaffenen Dinge und auch die Gesellschaften ihre eigenen Gesetze und Werte haben, die der Mensch schrittweise erkennen, gebrauchen und gestalten muss, dann ist es durchaus berechtigt, diese Autonomie zu fordern. Das ist nicht nur eine Forderung der Menschen unserer Zeit, sondern entspricht auch dem Willen des Schöpfers. Durch ihr Geschaffensein selber nämlich haben alle Einzelwirklichkeiten ihren festen Eigenstand, ihre eigene Wahrheit, ihre eigene Gutheit sowie ihre Eigengesetzlichkeit und ihre eigenen Ordnungen, die der Mensch unter Anerkennung der den einzelnen Wissenschaften und Techniken eigenen Methode achten muss."

Schon der heilige Augustinus (354–430) hatte sich mit Christen auseinanderzusetzen, die versuchten, wissenschaftliche Erkenntnisse mit Bibelzitaten anzufechten. In seinem Werk „Über den Wortlaut der Genesis" unterstreicht Augustinus, dass die Bibel nur einen Heilsweg aufzeigen, jedoch keinesfalls Erklärungen von Naturphänomenen liefern wolle. Letzteres zu behaupten gefährde nur die Autorität der Bibel: „Oft genug kommt es vor, dass auch ein Nichtchrist ein ganz sicheres Wissen durch Vernunft und Erfahrung erworben hat, mit dem er etwas über die Erde und den Himmel, über Lauf und Umlauf, Größe und Abstand der Gestirne, über bestimmte Sonnen- und Mondfinsternisse, über die Umläufe der Jahre und Zeiten, über die Naturen der Lebewesen, Sträucher, Steine und dergleichen zu sagen hat. Nichts ist nun peinlicher, gefährlicher und am schärfsten zu verwerfen, als wenn ein Christ mit Berufung auf die christlichen Schriften zu einem Ungläubigen über diese Dinge Behauptungen aufstellt, die falsch sind und, wie man sagt, den Himmel auf den Kopf stellen, so dass der andre kaum sein Lachen zurückhalten kann." (Buch I, 19,39)

In diesem Sinne lächerlich machen wollte sich Papst Benedikt XVI. in seiner Rede in der Aula Magna der Universität Regensburg am 12. September 2006 nicht. Seine in groben Zügen versuchte Selbstkritik der modernen Vernunft bedeute keineswegs, man müsse wieder hinter die Aufklärung zurückgehen und sich von den Einsichten der Moderne verabschieden. „Das Große der modernen Geistesentwicklung wird ungeschmälert anerkannt: Wir alle sind dankbar für die großen Möglichkeiten, die sie dem Menschen erschlossen hat und für die Fortschritte an Menschlichkeit, die uns geschenkt wurden." Das Ethos der Wissenschaftlichkeit sei im Übrigen der Wille zum Gehorsam gegenüber der Wahrheit und insofern Ausdruck einer Grundhaltung, die zu den wesentlichen Entscheiden des Christlichen gehöre.

Nein, sagte der Papst, nicht Rücknahme und negative Kritik sei gemeint, vielmehr gehe es ihm um eine Ausweitung des Vernunftbegriffs und Vernunftgebrauchs. „Denn bei aller Freude über die neuen Möglichkeiten des Menschen sehen wir auch die Bedrohungen, die aus diesen Möglichkeiten aufsteigen, und müssen uns fragen, wie wir ihrer Herr werden können. Wir können es nur, wenn Vernunft und Glaube auf neue Weise zueinanderfinden; wenn wir die selbstverfügte Beschränkung der Vernunft auf das im Experiment Falsifizierbare überwinden und der Vernunft ihre ganze Weite wieder eröffnen. In diesem Sinn gehört Theologie nicht nur als historische und humanwissenschaftliche Disziplin, sondern als eigentliche Theologie, als Frage nach der Vernunft des Glaubens an die Universität und in ihren weiten Dialog der Wissenschaften hinein."

Gegen diesen „weiten Dialog" der Theologie mit den anderen Wissenschaften steht der Versuch, an einer wörtlichen Auslegung der Bibel festzuhalten. Anfang des 20. Jahrhunderts hatten sich mehrere protestantische Kirchen in den USA zusammengetan und sich auf „fundamentals" geeinigt. Die fünf wesentlichen Punkte wurden 1910 von der Generalkonferenz der presbyterianischen Kirche zusammengefasst. Ganz oben stand die Irrtumslosigkeit und Autorität der Bibel, gefolgt von der Gottheit von Jesus Christus sowie seiner jungfräulichen Geburt und den Wundern. Ein Kernelement, die unbedingte Glaubwürdigkeit aller biblischen Aussagen, führte zum sogenannten Kreationismus. Die Heilige Schrift sei wortwörtlich von Gott inspiriert, namentlich auch die biblischen Schöpfungsberichte. Die Evolutionstheorie von Charles Darwin (1809–1882) wurde abgelehnt als etwas, das die Grundfesten des Glaubens erschüttere.

Bis heute kämpfen Fundamentalisten in den USA darum, dass die Evolutionstheorie in den Schulen nicht mehr gelehrt werden dürfe. Oder wenn, dann nur als alternatives Modell zum Kreationismus. Wie weit dieser Einfluss geht, zeigte der Vorwahlkampf der Republikaner 2011/2012. Einer der Kandidaten, Rick Santorum, hatte sich für diese gleichwertige Darstellung des Kreationismus ausgesprochen. Solche fundamentalistische Vorstöße lassen sich auch nicht dadurch irritieren, dass der Oberste Gerichtshof den Kreationismus bereits im Jahr 1987 aus dem naturwissenschaftlichen Unterricht an US-Schulen verbannt hat. Laut einer im Fachmagazin „Science" veröffentlichten Befragung von knapp 1000 Biologielehrern an US-amerikanischen Highschools folgen nur etwa 30 Prozent ausdrücklich der gesetzlichen Vorschrift und verdeutlichen ihren Schülern die Begründung der Evolutionslehre. 13 Prozent befürworten dagegen ausdrücklich Kreationismus und ‚intelligent design'. Die große Mehrheit wird in der Studie als „die vorsichtigen 60 Prozent" bezeichnet, die sich aus dem Streit heraushalten. Dadurch würden sie die Autorität von angesehenen Experten untergraben und kreationistische Argumente legitimieren, kritisieren die Studienautoren.

Rückenwind bekamen die Bezweifler der Evolution im März 2012 durch einen Gesetzesentwurf des Senats im US-Bundesstaat Tennessee: Lehrern dürfe es nicht verboten sein, „Schülern dabei zu helfen, die wissenschaftlichen Stärken und Schwächen von bestehenden wissenschaftlichen Theorien, die im Unterricht behandelt werden, zu verstehen, zu analysieren, zu kritisieren und objektiv zu beurteilen". Als solchermaßen „hinterfragbare" Theorien werden die Evolutionslehre und die Erderwärmung genannt. Die Mitglieder der Nationalen Wissenschaftlichen Akademie von Tennessee reagierten empört. Der Gesetzesentwurf beschreibe die Evolutionslehre als wissenschaftlich kontrovers. „Als Wissenschafter, deren Forschung auf der Evolution basiert, bekräftigen wir – gemeinsam mit den führenden wissenschaftlichen Organisationen unserer Nation, darunter der Amerikanischen Vereinigung für den Fortschritt der Wissenschaft und der Nationalen Akademie der Wissenschaften –, dass die Evolution ein zentrales, einigendes und akzeptiertes Gebiet der Wissenschaften ist. Die Evidenz für die Evolution ist überwältigend. Es gibt keine wissenschaftliche Evidenz für ihre vermuteten Rivalen (Kreationismus und ‚intelligent design') und es gibt keine Evidenz gegen sie."

„Kreationismus ist peinlich – deutlicher kann man es nicht sagen. Die Christen müssen die sicheren wissenschaftlichen Erkenntnisse akzeptieren", meinte dazu Christian Tapp in Spektrum der Wissenschaft 1/2012. Der christliche Glaube habe sich immer als ein Glaube für den ganzen Menschen verstanden. Er sei, in den Worten von Anselm von Canterbury (1033–1109), fides quaerens intellectum – Glaube, der nach Einsicht verlangt. Dies sei auch einer der theologischen Kerngedanken der Rede von Papst Benedikt XVI. an der Universität Regensburg im Jahr 2006 gewesen, meint Tapp. Das Gottesbild des Christentums, von dem der Christ glaube, dass er es letztlich von Gott selbst via Offenbarung empfangen habe, sei das Bild einer vernünftigen, den ganzen Kosmos schaffenden, ordnenden und erhaltenden Macht. Für den Gott des Christentums sei die Vernunft nicht irgendeine Äußerlichkeit, sondern dieser Gott sei selbst „höchst-vernünftig". Der Mensch, der als Abbild Gottes geschaffen worden sei, habe durch die Fähigkeit zu erkennen und zu verstehen Anteil am Göttlichen.

Diese Erkenntnisfähigkeit macht es nach Ansicht des Wiener Erzbischofs Kardinal Christoph Schönborn dem Menschen möglich, Gottes Plan in der Natur zu entdecken. Am 7. Juli 2005 hat Schönborn einen Gastkommentar in der „New York Times" unter dem Titel „Finding Design in Nature" („Den Plan in der Natur entdecken") veröffentlicht. Darin trat er für die Idee eines „intelligent design" ein: „Die Evolution im Sinn einer gemeinsamen Abstammung (aller Lebewesen) kann wahr sein, aber die Evolution im neodarwinistischen Sinn – ein zielloser, ungeplanter Vorgang zufälliger Änderung und natürlicher Selektion – ist es nicht. Jedes Denksystem, das die überwältigende Evidenz für einen Plan in der Biologie leugnet oder wegzuerklären versucht, ist Ideologie, nicht Wissenschaft."

Das Kirchenamt der Evangelischen Kirche in Deutschland (EKD) hat das „intelligent design" dagegen abgelehnt. In seiner Orientierungshilfe zu „Weltentstehung, Evolutionstheorie und Schöpfungsglaube in der Schule" vom 1. April 2008 heißt es dazu: „Die Anhänger des ‚intelligent design' suchen nach Anzeichen für schöpferische Aktionen Gottes in den kreatürlichen Prozessen, deren Komplexitäten und Informationskonzepte nicht auf natürliche Weise erklärt werden könnten ... Trotz des beträchtlichen wissenschaftlichen Aufwands müssen die Konzepte des ‚intelligent design' als pseudowissenschaftlich eingeschätzt werden; vor den Prüfkriterien strenger Wissenschaft können solche Hypothesenbildungen nicht bestehen."

Die zwei Lesarten des Korans

Es liegt allerdings in der Natur der sogenannten Schriftreligionen, dass sie ihre Schriften als heilig und direkt von Gott inspiriert – gleichsam den Autoren „eingesagt" – betrachten. Das gilt bis heute in der Auseinandersetzung um den Schöpfungsbericht im ersten Buch der Bibel, der Genesis. Und es gilt im Konflikt um die wörtliche Auslegung des Korans.

Der Koran müsse nicht wortwörtlich, er könne auch humanistisch gelesen werden, schrieb der Frankfurter Theologe Hans Kessler in der Jesuitenzeitschrift „Stimmen der Zeit" (7/2011).

Alle Glaubensrichtungen des Islam beriefen sich auf den Koran und auf die Sunna, die Tradition von Taten und Äußerungen Mohammeds. Der Koran gelte als Rede Gottes durch den Engel Gabriel an den Propheten. Wie aber die Aussagen des Korans zu verstehen seien, darin gingen die Richtungen auseinander. Vereinfacht könne man zwei gegensätzliche Hauptströmungen unterscheiden: Die eine interpretiere den Koran als das Wort Gottes, das unabhängig von seiner Entstehungszeit wortwörtlich für alle Zeiten gültig sei. Die andere verstehe den Koran im historischen Umfeld des 7. Jahrhunderts als Anrede Gottes, die sich zunächst an die Menschen von damals gerichtet habe. Beide Strömungen und Grundpositionen konkurrierten um die Deutungshoheit.

„Die buchstabengläubige Hauptströmung ist die traditionalistische Lesart, die seit dem 10. Jahrhundert vorherrscht", schreibt Kessler. „Sie ist die orthodoxe Auffassung der meisten Rechtsgelehrten (Ulama) und hält sich streng an den Wortlaut: Alle Aussagen des Koran sind wortwörtlich für alle Zeiten gültig und immer zu befolgen. Man betrachtet alle Koranaussagen als verbindliche göttliche Gesetzgebung, die alle Muslime – auch die im heutigen Europa – genau einzuhalten haben. Je nach Mentalität lässt man dabei entweder Anpassungen an die aktuelle Situation zu oder strebt die Einführung der Sharia, des religiösen Gottesrechts, in Europa an. Wenn man den Koran so wortwörtlich als überzeitlich gültiges Gebot liest, dann muss das nicht unbedingt zu Radikalismus führen. Es gibt viele gemäßigte Fundamentalisten, die Gewalt ablehnen."

Das ist die eine Möglichkeit. Die andere ist, dass militante Islamisten diese wortwörtliche Gültigkeit des Korans für ihre Zwecke nützen. Dann werden Suren, die zur Verfolgung und Tötung von „Ungläubigen" aufrufen (z. B. Sure 2,191: „Tötet sie, wo immer ihr auf sie trefft") zur Rechtfertigung für Gewalt gegen Nichtmuslime, wenn diese nicht den Islam annehmen wollen. Nach diesem

Verständnis des Korans können Aussagen, nach denen Töchter nur halb so viel wie Söhne erben (Sure 4,11) oder die das Schlagen von Frauen legitimieren (Sure 4,34), buchstäblich genommen werden. Man diskutiert höchstens noch darüber, wie weit das Schlagen gehen soll, sagt Kessler.

Dieser buchstabengläubige Islam fordere daher Kritik heraus und Wachsamkeit. Aber das sei nicht der ganze Islam und für sehr viele Muslime nicht das wahre Gesicht des Islam. Die große Mehrheit der Muslime in Europa wolle damit nichts zu tun haben. Und die gläubigen Muslime, die zum Beispiel in Ägypten gegen ungerechte Despoten aufstehen und Demokratie fordern, auch nicht.

Die Hauptströmung sieht Kessler in einer problembewussten, vernunftgeleiteten und humanistischen Lesart des Korans. Diese ist keineswegs neu. Schon vom 8. bis zum 10. Jahrhundert hätten etwa die Mu'tazila – eine rationalistisch-spekulative Schule der islamischen Theologie – gesagt, die Vernunft sei die beste Schöpfungsgabe Gottes. Daher müsse man sie bei der Koranlektüre gebrauchen und sich am Gemeinwohl orientieren. Allerdings sind diese humanistischen Ansätze Anfang des zweiten Jahrtausends wieder verschwunden, zuerst im Osten, dann seit 1200 auch in Nordafrika und Andalusien. Man orientierte sich immer strenger und gesetzlicher am buchstäblichen Wortlaut des Koran und der Prophetensprüche (Hadithe).

Heute gebe es eine Renaissance dieser frühen Lesart des Korans aus dem Ende des ersten Jahrtausends, sagt Kessler. „Immer mehr muslimische Gelehrte vertreten sie, und zwar nicht nur in westlichen Ländern, sondern ebenso in Marokko, Tunesien, Ägypten, Libanon, Indonesien, Indien, im Iran, in der Türkei. Auch die Professoren für islamische Theologie und Religionspädagogik an deutschen Universitäten – in Münster, Osnabrück, Frankfurt, Tübingen, Erlangen, Paderborn – gehören zu dieser problembewusst-humanistischen Richtung: Ömer Öszoy, der aus der Schule von Ankara kommt und seit 2006 in Frankfurt lehrt; Bülent Ucar, der in Deutschland aufgewachsen ist und seit 2007 in Osnabrück lehrt, Mouhanad Khorchide, der aus Beirut stammt und seit 2010 Professor für islamische Religionspädagogik in Münster ist; Hamideh Mohagheghi, die im Iran geborene Islamtheologin und Rechtsanwältin in Paderborn."

Alle diese Islamwissenschafter gehen davon aus, dass der Koran als Rede Gottes an den Propheten Mohammed zu sehen ist, sie bedenken dabei aber, dass diese Offenbarung unter ganz bestimmten historischen Umständen erfolgt ist. Sie fragen nach diesen Umständen, nach dem Kontext der Entstehung eines Koranverses, um so seine Intention, seinen Richtungssinn bestimmen zu können. Nur wer die Umstände der Offenbarungen kenne, könne verstehen, was Gott den Menschen mitteilen wolle.

Nach dieser humanistischen Lesart wurde der Koran auf der Arabischen Halbinsel im 7. Jahrhundert offenbart, und zwar im Laufe von 23 Jahren, in vielen sich verändernden Situationen. Entsprechend hatte die damalige Gemeinschaft von Muslimen je unterschiedliche Probleme und sie erwartete dazu „göttliche" Antworten. Unter diesen Antworten gibt es solche, die überzeitliche Wegweiser sind, und andere, die für die damalige Situation bestimmt waren. So seien im Koran nur etwa zehn Prozent von überzeitlicher Geltung, der ganze Rest sei zeitbedingt. Als überzeitliche Wegweiser im Koran gelten demnach: der Monotheismus (der eine Gott, der Schöpfer und Richter, der Allerbarmer), das Gebet, die gleiche Würde aller Menschen, Gerechtigkeit und soziale Verantwortung. Zeitbedingt und nur für eine damalige Situation bestimmt seien zum Beispiel Verse, die Gewalt gegen Ungläubige erlauben.

Eine solche Lesart, die die historischen Rahmenbedingungen beachtet, führt zu verblüffenden Einsichten – das gilt für den Koran wie für die Bibel. Ein klassisches Beispiel aus der hebräischen Bibel ist das Gebot „Aug um Aug, Zahn um Zahn" (Exodus, Kapitel 21, Vers 24). Diese ethische Anweisung erscheint heute als völlig inhuman. Sie war aber in ihrer Entstehungszeit ein moralischer Fortschritt. Denn das Ausmaß der Rache wurde damit begrenzt: Für ein Auge darfst du maximal ein Auge, für einen Zahn maximal einen Zahn einfordern – und nicht mehr.

Ein vergleichbares Beispiel im Koran ist das Erbrecht der Frauen, das auf den ersten Blick diskriminierend erscheint und es nach heutigem Verständnis auch ist. Aber, so Kessler: „In den vorislamischen arabischen Stämmen waren Frauen absolut rechtlos, sie erbten gar nichts. Daher war es ein revolutionärer Schritt, der Tochter wenigstens halb so viel vom Erbe zuzuschreiben wie dem Sohn; es war ein Schritt in Richtung Anerkennung der Frau. Beharrt man aber sklavisch auf dem Wortlaut, dann bleibt man bei diesem ersten Schritt stehen, was der Intention des Textes nicht gerecht wird." Mouhanad Khorchide hebt in solchen Zusammenhängen auf die Sinnrichtung ab: Diese heiße hier mehr Gerechtigkeit und Gleichberechtigung. In dieser Weise müsse man bei vielen Aussagen des Korans, statt sich auf den Wortlaut bestimmter Stellen zu versteifen, auf die Sinn- und Bewegungsrichtung der Texte achten und diese entsprechend dem heutigen Umfeld weiterdenken.

Alles ist Religion – ist Religion an allem schuld?

Diese Sinnrichtung religiöser Texte weiterzudenken ist das Gebot der Stunde in einer Welt, die häufig der Versuchung nicht widerstehen kann, hinter gesellschaftlichen Konflikten religiöse Muster zu sehen und die Religionen und ihre Heiligen Schriften zum Sündenbock zu machen. Bei genauer Betrachtung taugt der Koran nicht als Rechtfertigung für Gewalt, genauso wenig wie „der Islam" keine Erklärung für alle Schwierigkeiten im Zusammenleben mit muslimischen Minderheiten in Europa ist. Nicht überall, wo aus populistischen Gründen das Etikett Religion draufgeklebt wird, ist auch Religion drinnen.

Farid Hafez, Politologe und bekennender Muslim in Wien, nennt die Freiheitliche Partei Österreichs (FPÖ) als Beispiel dafür, wie bewusst mit den Ängsten vor Ausländern im Allgemeinen und vor Muslimen im Besonderen gespielt werde. „Da wird alles auf die Ausländerfrage und die Religion projiziert. Damit ist nicht nur ein Sündenbock gefunden, sondern es werden daraus dann auch falsche Schlüsse gezogen", kritisierte der Experte für Islamophobie (Angst vor dem Islam) bei den St. Johanner Friedenstagen 2010. Diese „Religionisierung" gehe von dem Trugschluss aus, dass ein einziges Merkmal die Identität eines Menschen ausmache: Jemand ist Muslim, und damit ist sozusagen „alles klar". Doch kein Mensch lasse sich auf nur eine Dimension seiner Existenz verkürzen. „Jeder Mensch ist ‚viele Ich': das berufliche Ich, das familiäre Ich, das geschlechtliche Ich, das nationale Ich, das religiöse Ich."

„Ich selbst bin kulturell Österreicher, religiös Muslim und beruflich Wissenschafter", sagte Hafez. „Wir leben alle eine hybride Identität." Diese Vielfalt werde missachtet, wenn einer muslimischen Frau beim Arbeitsmarktservice geraten werde, besser ohne Kopftuch zu einem Bewerbungsgespräch zu gehen. Der Wiener Politikwissenschafter, der sich seit 15 Jahren zum Islam bekennt, richtet seinen Appell auch an die eigenen Reihen: „Auch Muslime müssen wegkommen von der Verquickung der nationalen Identität und der religiösen Identität. Man sträubt sich, eine österreichische nationale Identität anzunehmen, aus Angst, damit die religiöse Identität als Muslim zu verlieren."

Der aufsehenerregendste Fall einer solchen „Religionisierung" war Thilo Sarrazins Buch „Deutschland schafft sich ab", das im August 2010 erschienen ist. In diesem antiislamischen Dossier stellte der Bundesbanker – er musste in der Folge von diesem Posten zurücktreten – die These auf, Deutschland werde immer dümmer, weil ausgerechnet die kognitiv minderbemittelten Muslime die meisten Kinder zeugten. „Die kulturelle Fremdheit muslimischer Migranten könnte relativiert werden, wenn diese Migranten ein besonderes qualifikatorisches oder intellektuelles Potential verhießen. Das ist aber nicht erkennbar. Anzeichen gibt es eher für das Gegenteil, und es ist keineswegs ausgemacht, dass dies ausschließlich an der durchweg bildungsfernen Herkunft liegt. So spielen bei Migranten aus dem Nahen Osten auch genetische Belastungen – bedingt durch die dort übliche Heirat zwischen Verwandten – eine erhebliche Rolle und sorgen für einen überdurchschnittlich hohen Anteil an verschiedenen Erbkrankheiten."

Anders gesagt: An allem Defizitären der Muslime ist ihre religiöse und kulturelle Herkunft schuld. Sarrazin erklärte alle Schwierigkeiten aus der angeblich wesenhaften Integrationsunfähigkeit muslimischer Minderheiten und geht damit genau in die Falle, die Farid Hafez als Religionisierung beklagt. Anstatt die Vielfalt von unterschiedlichen Gründen zu sehen, die die Integration von Türken oder Arabern in Deutschland, Österreich oder Frankreich erschweren, ist Thilo Sarrazin nur auf den einen Grund fixiert, der angeblich alles erklärt: Sie sind Muslime.

„Genau das ist der Rückschritt", sagt dazu Heiner Bielefeldt, Ordinarius für Menschenrechte an der Universität Erlangen-Nürnberg und seit August 2010 Sonderberichterstatter der UN für Religions- und Weltanschauungsfreiheit. „Wir waren schon so weit, dass im Umgang mit Minderheiten Religion und Kultur zwar eine Rolle spielen, aber bei Weitem nicht als einzige Erklärung dienen. Dass sich in manchen Hauptschulen Migrationskinder häufen, hat viele Gründe: Mietpreise, Stadtentwicklung, Bildung, soziale Fragen. Es geht um den Blick auf die Gesellschaft insgesamt. Es gibt Modernisierungsverlierer, zu denen ein Teil der Migrationsbevölkerung dazugehört." Man könne die Faktoren Religion und Kultur nicht aus der Debatte heraushalten, aber Sarrazin erkläre alles monokausal, aus einer Ursache.

Über alles reden, aber nicht alles über einen Leisten schlagen. Diesen Grundsatz hat Bielefeldt dem prominenten Buchautor Sarrazin entgegengehalten. „Wir müssen wieder anknüpfen an die Einsicht: Es geht um Grundfragen der Bildungspolitik, der Quartierspolitik, der Sozialpolitik oder um Sprachförderung schon sehr früh im Kindergarten. Eine vernünftige Integrationspolitik fokussiert nie auf eine Gruppe, sondern muss die gesellschaftlichen Rahmenbedingungen insgesamt verbessern. Wir müssen wegkommen von dieser Engführung auf Religion und Kultur. Es wird vieles in der Integrationspolitik zu schnell mit Islam assoziiert. Das ist oft sehr irreführend. Aber genau das hat Sarrazin gefördert."

Es wäre allerdings auch niemandem geholfen, wenn im Gegenzug die ungelösten Fragen der Integration tabuisiert würden. Denn erfahrungsgemäß gibt es immer welche – in Österreich mit der rechtspopulistischen FPÖ mehr als in Deutschland –, die sich dann erst recht auf das Thema draufsetzen. Dass bei einer offenen Debatte manche Formulierungen ein wenig unfreundlich ausfallen könnten, müsse eine demokratische Gesellschaft aushalten, meint Bielefeldt. „Wir dürfen die Meinungsfreiheit nicht den Rechtspopulisten überlassen. Tabuisierung nützt nur jenen, die sich dann als Tabubrecher dramatisch inszenieren, wie die Freiheitlichen in Österreich."

IX. Kapitel

Die Religionen und ihr Wahrheitsanspruch

Monotheistische Eiferer und islamische Gotteskrieger

Als Tabubrecher anderer Provenienz ist Jan Assmann in die religionspolitische Debatte des späten 20. Jahrhunderts eingegangen. Der deutsche Ägyptologe hat in seinem Buch „Die Mosaische Unterscheidung oder der Preis der Freiheit" im Jahr 2003 mit einer These Aufsehen erregt, die seither nicht wirklich widerlegt worden ist: dass monotheistische Religionen durch ihr Prinzip der Abgrenzung von anderen Göttern – die dann Götzen genannt würden – eine besondere Affinität zur Gewalt hätten. Irgendwann im Laufe des Altertums – die Datierungen schwankten zwischen der späten Bronzezeit und der Spätantike – habe sich eine Wende ereignet: die Wende von den polytheistischen zu den monotheistischen Religionen, von Kultreligionen zu Buchreligionen, von kulturspezifischen Religionen zu Weltreligionen, kurz von „primären" zu „sekundären" Religionen. Diese Wende habe mehr als alle politischen Veränderungen die Welt bestimmt, in der wir heute leben.

Primäre Religionen definierte Assmann in seinem maßgeblichen Werk als über Jahrtausende historisch gewachsen im Rahmen einer Kultur, Gesellschaft und Sprache. Dazu gehörten die Kult- und Götterwelten der ägyptischen, babylonischen und griechisch-römischen Antike. „Sekundäre Religionen dagegen sind Religionen, die sich einem Akt der Offenbarung und Stiftung verdanken, auf den primären Religionen aufbauen und sich typischerweise gegen diese abgrenzen, indem sie sie zu Heidentum, Götzendienst und Aberglauben erklären."

Primäre Religionen wie der ägyptische Kosmotheismus hätten fremde Götter ohne jeden Vorbehalt in ihren eigenen Himmel aufgenommen. Die sekundären Religionen hätten dagegen die verhängnisvolle Unterscheidung von wahr und falsch eingeführt, zwischen dem wahren Gott und den falschen Göttern, der wahren Lehre und den Irrlehren, zwischen Wissen und Unwissenheit, Glaube und Unglaube. Ein solcher Wahrheitsbegriff schließe andere aus, weshalb Assmann auch von „Gegenreligionen" spricht. „Diese und nur diese Religionen haben zugleich mit der Wahrheit, die sie verkünden, auch ein Gegenüber, das sie bekämpfen. Nur sie kennen Ketzer und Heiden, Irrlehren, Sekten, Aberglauben, Götzendienst, Idolatrie, Magie, Unwissenheit, Unglauben, Häresie und wie die Begriffe alle heißen mögen für das, was sie als Erscheinungsformen des Unwahren denunzieren, verfolgen und ausgrenzen."

Assmann sieht durchaus, dass auch die Welt der „primären" Religionen nicht frei von Gewalt gewesen ist. Manche Formen dieser Gewalt und Feindschaft seien durch die monotheistischen Religionen sogar gebändigt und zivilisiert worden, weil sie mit ihren Lehren unvereinbar gewesen seien. Ein Beispiel ist die Überwindung des Menschenopfers in der biblischen Erzählung von Abraham und seinem Sohn Isaak. Wie im Mythos sieht es zunächst so aus, dass Gott die Opferung des einzigen Sohnes verlangt. Aber genau das wird am Ende durch das Eingreifen des Engels verhindert. Der monotheistische Gott Israels will dieses Menschenopfer nicht, lautet nach allgemeiner exegetischer Überzeugung die Grundbotschaft dieser Szene.

Demgegenüber hätten die monotheistischen Religionen aber eine neue Form von Hass in die Welt gebracht, sagt Assmann: den Hass auf Heiden, Ketzer, Götzendiener und ihre Tempel, Riten und Götter. Der Ägyptologe weist auf einschlägige Erzählungen der hebräischen Bibel bzw. des Alten Testamentes hin: das Massaker nach dem Kultfest vor dem Goldenen Kalb in Buch Exodus, Kapitel 32, die Tötung der 450 Baalspropheten auf Befehl des Elija nach dem Götterwettstreit auf dem Berg Karmel im ersten Buch der Könige, Kapitel 18, oder die gewaltsame Durchsetzung der Kultreform des Joschija im zweiten Buch der Könige, Kapitel 23.

Jan Assmann bezweifelt selbst, dass es sich bei diesen biblischen Erzählungen um historische Ereignisse handelt. „Ich lese diese Texte weder als Wiedergabe historischer Fakten noch als normative Modelle (‚so müsst ihr gegen Heiden und Ketzer vorgehen'), sondern als Literatur, als fiktionalen Ausdruck historischer Erfahrungen und Konzeptionen." („Die Welt", 13. Jänner 2007). Es komme also darauf an, wie man mit diesen Texten umgehe. In der jüdischen Tradition seien diese Gewaltpassagen der Bibel mit großer Vorsicht behandelt worden. Die frühen Rabbinen hätten alles darangesetzt, die radikale Martyriumsbereitschaft – also das Interesse, für die Sache Gottes zu sterben, eine Art von passiver Gewalt – einzudämmen. Im Christentum dagegen hätten sich die in den Texten steckenden Gewaltpotenziale aufs Unheilvollste ausgewirkt. „Ich sehe die Aufgabe unserer philologischen Beschäftigung mit den biblischen Texten darin, sie zu historisieren, also zu sagen: Das hatte seinen Ort in einer bestimmten Zeit. Aus dieser Zeit heraus versteht man die Sprache."

Da bleibt einiges zu tun, um den Kurzschluss zu vermeiden, dass die Trias ein Gott, ein Glaube, eine Wahrheit der religiöse Freibrief für Gotteskrieger jedweder Provenienz sei. Die Kurzformel „Gott mit uns" gilt nicht mehr, wenn es sich um Krieg und Terror handelt, auch wenn es bis in die jüngere Vergangenheit anders gehandhabt wurde. Seit 1701 hatten sich die preußischen Könige und die deutschen Kaiser diesen Wahlspruch angeeignet und ihn in ihren militärischen Hoheitszeichen verwendet. Noch im Zweiten Weltkrieg stand auf den Gürtelschnallen der deutschen Wehrmacht dieses „Gott mit uns". Nur die Waffen-SS hatte sich bereits säkularisiert. Bei ihr stand „Meine Ehre heißt Treue" auf der Koppel – ein zweckdienlicher Hinweis darauf, dass es kein Fortschritt sein muss, wenn dem Gottesglauben abgeschworen wird. Es kann im Gegenteil alles noch schlimmer machen.

Zu viel Blut ist im Namen oder mit dem Segen des Christentums geflossen. Papst Johannes Paul II. hat das in seiner großen Vergebungsbitte zum Heiligen Jahr am 12. März 2000 im Petersdom so gesagt: „Herr der Welt, Vater aller Menschen, durch deinen Sohn hast du uns gebeten, auch den Feind zu lieben, denen Gutes zu tun, die uns hassen, und für die zu beten, die uns verfolgen. Doch oft haben die Christen das Evangelium verleugnet und der Logik der Gewalt nachgegeben. Die Rechte von Stämmen und Völkern haben sie verletzt, deren Kulturen und religiöse Traditionen verachtet: Erweise uns deine Geduld und dein Erbarmen! Vergib uns! Darum bitten wir durch Christus unseren Herrn."

Zu gegebener Zeit könnte es auch in einem Schuldbekenntnis des Islam heißen, oft hätten Muslime den Koran verleugnet und der Logik der Gewalt nachgegeben. In diesem Fall würden die Terroranschläge von New York am 11. September 2001 unter dieses Verdikt fallen. „Die Jungfrauen rufen nach euch", schrieb Mohamed Atta noch wenige Tage vor dem Angriff auf die zwei

Türme des World Trade Center an seine Mitattentäter. Und Muhammad Abu Wardeh von der Hamas ködert seine menschlichen „smart bombs" damit, dass Gott die Shahuda, wie Märtyrer auf Arabisch genannt werden, im Paradies mit 72 Jungfrauen, 70 Plätzen für Familienmitglieder und immerwährender Glückseligkeit belohnen werde („Die Welt", 5. Dezember 2007).

Ganz in diesem Sinne beschreibt auch das US-amerikanische Verteidigungsministerium in einer Studie den geistig-religiösen Hintergrund muslimischer Selbstmordattentäter: „Seine Handlungen eröffnen ihm ein Szenario, in dem er selbst, seine Familie, sein Glaube und sein Gott nur gewinnen können. Der Bomber sichert sich die Errettung und die Freuden des Paradieses. Er verteidigt seinen Glauben und kann sich, erinnert als tapferer Krieger, in eine lange Reihe von Märtyrern einreihen. Und endlich, durch die Art seines Todes, wird ihm garantiert, dass er Allahs Wohlgefallen besitzt. Vor dem Hintergrund dieser Überlegungen wird das selbstlose Opfer des einzelnen Muslims, das er zur Zerstörung der Feinde des Islam bringt, eine geeignete, realisierbare und willkommene Handlungsoption."

Tatsächlich beschrieben ist im Koran allerdings nur, dass Märtyrer, die im Kampf für den Islam oder bei dessen Verteidigung zu Tode gekommen sind, direkt ins Paradies einziehen. Höchst umstritten ist dagegen, ob das auch für Selbstmordattentäter gelte. Nein, sagt der US-amerikanische Islamwissenschafter Bernard Lewis. „Ganz im Gegenteil, wenn wir uns die Hauptströmungen des Islam ansehen, ist der Terror sogar ausdrücklich verboten – und das gilt auch für den Selbstmord. Natürlich gibt es eine Doktrin vom Heiligen Krieg. Aber weil der Heilige Krieg gesetzlich verpflichtenden Charakter für alle Muslime hat, ist er auch nach dem islamischen Recht genau geregelt. Wie man Feindseligkeiten eröffnet, wie man sie durchführt und beendet, wie man Gefangene macht und wie man mit ihnen umgeht – all das ist genau festgelegt. Auch dass Kinder und alte Menschen in jedem Fall verschont werden müssen, ebenso Zivilisten. Sogar der mögliche Einsatz von chemischen Waffen (wie vergifteten Pfeilen) und ballistischen Geschossen (Katapulten) ist geregelt – fast so wie in einer vorweggenommenen Genfer Konvention. Und Selbstmordattentate sind für den Islam völlig unvorstellbar. Selbstmord ist die schlimmste Todsünde. Wer sich umbringt, wird dadurch bestraft, dass er bis in alle Ewigkeit den Moment seines Selbstmordes immer wieder erleben muss. Wenn die Attentäter wüssten, was sie erwartet, würden sie es nicht tun." (Die Zeit, 18. März 2004)

Insgesamt ergibt sich dennoch kein einheitliches Bild über die Selbsttötung im Islam („haram"). Welt online fasste am 5. Dezember 2007 wesentliche Lehrmeinungen zusammen: „Scheich Ahmad Yasin, Gründer der Hamas, Akram Sabri, Mufti von Jerusalem, oder Yusuf al-Qaradawi, Chefideologe der Muslimbrüderschaft, haben etwa Selbstmordanschläge gegen Israelis für notwendig und gerechtfertigt erklärt. Andere Rechtsgelehrte bezeichnen Selbstmordattentate, insbesondere gegen Zivilisten, als Terrorismus. Der Großmufti von Saudi-Arabien, Abdullah Al asch-Schaich, etwa verurteilt jede Form von Selbstmordanschlägen als unislamisch, während Scheich Muhammad Sayyid Tantawi, Groß-Imam der al-Azhar Moschee in Ägypten und einer der einflussreichsten sunnitischen Rechtsgelehrten, zwischen Selbstmordanschlägen zur Verteidigung des Heimatlandes und dem Töten von Zivilisten, Frauen und Kindern unterscheidet. Bei den Schiiten heißt der Iran Selbstmordanschläge seit 1982 gut, während der irakisch-schiitische Groß-Ayatollah Yousof Sanei diese als ‚haram' und als Terrorakte bezeichnet hat."

Einen bemerkenswerten Hinweis für den Zusammenhang von Terrorakten und Islam hat der evangelische Theologe Thomas Schirrmacher in die Debatte eingebracht. Der Sprecher für Menschenrechte und Vorsitzende der Theologischen Kommission der Weltweiten Evangelischen Allianz unterstreicht, dass die Rechtfertigung von Selbstmordattentaten eine moderne Entwicklung sei. Zwar habe es im Islam früher das Konzept des Märtyrers gegeben, der als Krieger im Dschihad gefallen ist. Dabei habe es sich aber immer um einen vom Oberhaupt – etwa dem Kalif oder Sultan – ausgerufenen Krieg gehandelt. „Man starb im Kampf gegen Ungläubige und man versuchte natürlich, so lange wie möglich zu überleben, beging also eigentlich nicht Selbstmord."

Erst im modernen Islamismus hat sich nach Ansicht des evangelikalen Theologen Schirrmacher das Konzept des Selbstmordattentates immer stärker in mehreren Stufen ausgebildet: 1. Es musste jetzt kein Dschihad mehr ausgerufen werden, sondern es ist immer auch militärischer Dschihad gegen die Ungläubigen, der Einzelne oder eine kleine Gruppe kann sich selbst beauftragen. Wer dabei stirbt, kommt als Märtyrer in das Paradies. 2. Man darf sich als Mann selbst töten, wenn man dabei Ungläubige in den Tod mitnimmt. 3. Auch männliche Kinder können Selbstmordattentäter werden (zuerst in der Intifada). 4. Man darf dasselbe, selbst wenn dabei als Kollateralschaden auch Muslime sterben (so zuerst in Israel, dann am 11. September 2001). 5. Man darf dasselbe, wenn dabei fast nur oder nur Muslime sterben, aber die Ungläubigen beunruhigt werden (so zuerst im Irak). 6. Auch Frauen können Selbstmordattentäter werden, die bisher nur als stolze Mütter der Selbstmordattentäter in Erscheinung traten (so erst seit ganz kurzem). 7. In allerjüngster Zeit treten erstmals Mädchen als Selbstmordattentäter auf. Thomas Schirrmacher kommt zu dem Schluss: „Ein Mädchen, das mit einer Bombe andere Muslime mit in den Tod nimmt, und deswegen als Märtyrerin gelobt wird, das wäre früher im Islam undenkbar gewesen, es ist vielmehr eine ganz neue theologische und dann auch praktische Entwicklung, die wenig mit dem vormodernen Islam gemeinsam hat."

Zu dieser späten Entwicklung des islamistischen Selbstmordterrors im 20. Jahrhundert passt ein möglicher Zusammenhang mit japanischen Kamikaze-Fliegern. In diesen sieht Volker Trusheim in seinem Beitrag „Selbstmordattentäter" für die Bundeszentrale für politische Bildung (bpb) den Ursprung muslimischer Selbstmordkommandos. „Im Jahr 1944, als sich die Niederlage des Japanischen Kaiserreiches im Zweiten Weltkrieg abzuzeichnen begann, setzte die japanische Armeeführung Geschwader von fliegenden Selbstmördern ein, die ihre Maschinen in amerikanische Kriegsschiffe stürzten. Die lebendige Rückkehr eines Piloten galt als unehrenhaft. Es kann von einer systematischen Institutionalisierung des Selbstmordes als Kriegswaffe gesprochen werden. Obwohl der Einsatz von ‚Kamikaze-Fliegern' den Vormarsch der amerikanischen Truppen nicht effektiv stoppen konnte, hatte er großen Einfluss auf deren Kampfmoral"; schreibt Trusheim in seiner wissenschaftlichen Arbeit am Institut für Islamwissenschaften und Judaistik an der Freien Universität Berlin.

Dieses japanische Wissen aus den Selbstmordattentaten der Kamikazekämpfer habe in gewissen Kreisen in Japan und insbesondere in Nordkorea fortgelebt. Erstmals sei es dann am 30. Mai 1972 im Selbstmordanschlag der Terrororganisation ‚Japanische Rote Armee' zugunsten der Palästinenser auf dem israelischen Flughafen Lod durch ein verheerendes Blutbad an Zivilisten wieder in die Tat umgesetzt worden. Mit weitreichenden Folgen, wie Trusheim feststellt: „In der arabischen Welt gab es Bestürzung, dass Nichtmuslime mutiger gegen den Feind vorgingen, und Arafat und die Palästinenser ließen sich von Asiaten, die über historisches Wissen zu Selbstmordattentaten verfügten, informieren."

Territoriale Herrschaft und Diskriminierung der „Ungläubigen"

Das Angriffsziel japanischer Kamikaze-Flieger war der Feind im Zweiten Weltkrieg. Das Angriffsziel islamistischer Selbstmordattentäter sind „die Ungläubigen". Diese haben – trotz anderslautender Behauptungen und einer mit Zeiten der Toleranz durchmischten Geschichte – in vielen klassischen muslimischen Ländern keinen leichten Stand. Die Zahl von 100 Millionen Menschen, die unter „Christenverfolgung" zu leiden hätten, wird zwar zu Recht angezweifelt, zumindest was die Definition von „Verfolgung" betrifft. Faktum ist aber, dass sich von Mauretanien über Nordafrika, die Arabische Halbinsel, den Irak und den Iran bis Pakistan und Indonesien ein dichter Gürtel von knapp zwei Dutzend Staaten zieht, in denen die Religionsfreiheit am meisten in Gefahr ist. „Kommunistische Diktaturen, hinduistisch geprägte Staaten und weite Teile der islamischen Welt diskriminieren religiöse Minderheiten, aber auch christlich geprägte Staaten wie Eritrea und Äthiopien tun das", heißt es dazu in „Herders neuem Atlas der Religionen" aus dem Jahr 2010.

Beispiel Saudi-Arabien: „Über die Untergrundkirche in Saudi-Arabien kann ich Ihnen nichts sagen. Das wäre eine große Gefahr für diese Christinnen und Christen", sagt Paul Hinder. Der gebürtige Schweizer, als Franziskanerpater zum Priester geweiht, ist der Apostolische Vikar für die Christen in den südlichen Ländern der Arabischen Halbinsel. Sein Bischofssitz, mit insgesamt drei Mitarbeitern, ist Abu Dhabi. Bei einem Symposium der Initiative Christlicher Osten (ICO) in St. Virgil Salzburg berichtete Bischof Hinder über die Lage der Christen auf der Halbinsel. Allein die Zahl überrascht: Am Persischen Golf leben rund drei Millionen Christen, die meist als Gastarbeiter tätig sind. Ein großer Anteil kommt aus Indien. Allein in Saudi-Arabien gibt es offiziell 1,5 Millionen Christen bei insgesamt 26 Millionen Einwohnern.

In der Regel bekommen diese Migrantinnen und Migranten für je zwei Jahre eine Aufenthaltsgenehmigung. Sobald sie arbeitslos sind oder spätestens mit dem 60. Lebensjahr müssen sie in ihre Herkunftsländer zurück. Viele suchen dann den Weg nach Europa oder in die USA. „Eine Integration ist ausdrücklich nicht erwünscht", berichtete der Bischof. Christen haben daher für die gesamte Zeit ihres Aufenthalts in Saudi-Arabien, im Oman, im Jemen, in Katar oder in den Arabischen Emiraten den Status von Ausländern. Wenn im Jemen eine Christin einen Muslim heiratet, darf sie christlich bleiben, die Kinder müssen aber muslimisch erzogen werden. Heiratet ein christlicher Mann eine Muslimin, muss er zum Islam übertreten.

Das religiöse Leben der Christen, vor allem der Sonntagsgottesdienst, ist auf einige wenige Pfarrgemeinden beschränkt. „Auf unseren Territorien, innerhalb der kirchlichen Liegenschaften, haben wir volle Kultusfreiheit", sagt Hinder und fügt einen Wunsch an. „Aber aufs Land zu fahren und in einem Dorf eine Messe zu feiern ist nicht erlaubt. Wir bräuchten dringend Raum." Die Statistik sagt, warum. Im Oman gibt es für 60.000 Katholiken vier Pfarren und zehn Priester, die Grundstücke für die Kirchen stellt der Sultan bereit. In Kuwait sind für 350.000 Christen zwanzig Priester in vier Gemeinden tätig. Ein neuer Seelsorger bekommt nur dann ein Visum, wenn ein anderer auswandert. Karitative Hilfe „für jene Millionen Migranten, die wie Sklaven leben", ist nach Auskunft des Bischofs nur „sehr diskret" möglich. „Das beginnt schon damit, dass wir keine Spenden sammeln dürfen."

Beispiel Syrien: Bis zur Islamisierung des Landes im 7. Jahrhundert war Syrien ein christliches Land. Heute sind rund zehn Prozent der 20 Millionen Einwohner Christen. Etwa 75 Prozent der

Bevölkerung sind sunnitische Muslime. Sechs Prozent sind Alaviten, ein Zweig des Islam, zu dem ein großer Teil der politischen Elite gehört, darunter die Familie Assad. Syrien war berühmt für das weitgehend konfliktfreie Miteinander der Religionen. Symbol dafür ist die 1300 Jahre alte Omaijaden-Moschee in Damaskus, in der Sunniten wie Schiiten beten. Auch christliche Meditationen waren dort möglich. Heute sieht die muslimische Mehrheit die Christen dagegen als „Westler“, die die sittlichen Werte des Islam unterwanderten – obwohl die Mehrheit der christlichen Migranten nicht aus dem Westen, sondern aus Asien kommt.

Aus Sorge um den religiösen Frieden standen die meisten Christen im syrischen Bürgerkrieg, der 2011 ausgebrochen ist, nicht auf Seiten der Revolution, sondern bevorzugten die relative Sicherheit unter dem Regime Assad. Mor Polycarpus Augin Aydin, Erzbischof der syrisch-orthodoxen Kirche der Niederlande, meinte dazu im Juni 2011: „Syrien ist eine Diktatur. Die Christen im Land wollen auch Öffnung und Reformen, sie sind gegen Korruption. Doch sie sind eine Minderheit und sie fürchten, wie im Irak verfolgt zu werden, wenn Assad stürzt. Er hat Religionsfreiheit garantiert. Sie haben Angst um ihr Leben.“ Die Umbrüche im Nahen Osten haben nach Ansicht des Erzbischofs die Situation der Christen in allen Ländern unsicherer denn je gemacht. „Bei politischen Veränderungen bezahlten in der Vergangenheit immer die Christen den höchsten Preis. Dabei haben sie alle diese Länder mit aufgebaut. Sie waren und sind Träger von Bildung, Kultur und Wirtschaft.“

Beispiel Ägypten: Geschätzte zehn Prozent der 80 Millionen Einwohner sind koptische Christen. Sie galten laut „Herders neuem Atlas der Religionen“ von 2010 unter dem Diktator Hosni Mubarak als schwer diskriminierte Minderheit. Der staatliche Sicherheitsapparat hat mit islamistischen Kräften zusammengearbeitet, die Kopten wurden sozial an den Rand gedrängt, Schulbücher und Medien pflegten Abneigung und Ressentiments. Im Jänner 2011 gingen Bilder von einem Anschlag auf eine koptische Kirche in Alexandria mit 23 Toten um die Welt.

Aber der arabische Frühling, die Revolution auf dem Tahrir-Platz in Kairo, brachte zunächst keine Besserung. Mehr als 100.000 Kopten haben nach dem Sturz des Mubarak-Regimes im März 2011 ihr Land Richtung USA oder Europa verlassen. Die Hoffnungen nach der Wahl des neuen Präsidenten Muhammad Mursi haben sich nicht erfüllt. Mursi trat zwar zunächst demonstrativ aus der Muslimbruderschaft aus und nannte sich Präsident aller Ägypter. Aber seine Anmaßung autoritativer Rechte und die Durchsetzung einer stark islamistisch geprägten Verfassung haben diesen ersten Anschein Lügen gestraft.

Hoffnung gibt den Kopten, dass das Augenmerk der Weltöffentlichkeit auf Ägypten liegt. Dagegen interessiert sich die internationale Politik kaum für die neuen territorialen Herrschaftsansprüche, die in afrikanischen Ländern durch stammespolitisch und religiös genährte Bürgerkriege entstehen – bis hin zum Auseinanderbrechen von Staaten, durchaus vergleichbar mit dem Zerfall des ehemaligen Jugoslawien auf dem Balkan. Oft sind die neuen Grenzen religiös einheitlicher Territorien deckungsgleich mit den Grenzen zwischen früheren Stammesgebieten. Ein aktuelles Beispiel ist das westafrikanische Mali. Dort stellten sich im Jahr 2011 muslimische Kämpfer an die Spitze eines schwelenden Aufruhrs im Norden des Landes. Im Namen der „Nationalen Befreiungsbewegung Azawad" proklamierten sie gemeinsam mit muslimischen Milizen einen eigenen Staat und drangsalierten die Bevölkerung mit der Scharia – bis hin zur Steinigung eines Paares, das nicht verheiratet war und Kinder hatte.

Blasphemie und „Beleidigung" religiöser Gefühle

Welchen Schutz durch den Staat Religionsgemeinschaften beanspruchen dürfen – vor allem auch dort, wo sie eine Minderheit sind –, ist eine offene Frage. In demokratischen Gesellschaften wird heftig darum gerungen. Blasphemie und „Verletzung religiöser Gefühle" sind die Schlagworte auf der einen Seite, Meinungs- und Pressefreiheit auf der anderen.

Besonders weitreichende Folgen hatte dieser Gegensatz im sogenannten Karikaturenstreit. Am 30. September 2005 veröffentlichte die dänische Tageszeitung Jyllands-Posten unter dem Titel „Das Gesicht Mohammeds" zwölf Karikaturen, die den islamischen Propheten und Religionsstifter Mohammed zum Thema hatten. Am 17. Oktober wurden sie in der ägyptischen Zeitung „Al Fager" nachgedruckt. Es kam zu Protesten, aber erst Anfang 2006 erreichte der sogenannte Karikaturenstreit seinen Höhepunkt. Der konkrete Auslöser war ein Dossier zweier dänischer Imame, das neben den zwölf originalen Karikaturen auch solche zeigt, die nicht aus der Jyllands-Posten stammten und beleidigend-obszönen Inhalts waren. Daraufhin kam es weltweit zu Protesten muslimischer Organisationen und gewalttätigen Auseinandersetzungen, bei denen mehr als 100 Menschen starben. In Pakistan wurden 2008 acht Menschen bei einem Selbstmordanschlag auf die dänische Botschaft getötet.

In den Feuilletons westeuropäischer Zeitungen wurde ein eifriger bis ereiferter Kampf um die Pressefreiheit geführt, der im September 2010 auf höchster politischer Ebene entschieden wurde. Der dänische Zeichner der ursprünglichen Mohammed-Karikaturen, Kurt Westergaard, wurde mit dem M100-Medienpreis geehrt; eine Auszeichnung durch einen Verein, dem die Chefredakteure der führenden europäischen Zeitungen und Magazine angehören. Damit nicht genug, waren Festrednerin und Laudator von höchster Prominenz: Bundeskanzlerin Angela Merkel und – der damals Noch-nicht-Bundespräsident – Joachim Gauck. „Egal, ob wir seine Karikaturen für nötig oder hilfreich halten: Europa ist ein Ort, in dem ein Zeichner so etwas darf", erklärte die Bundeskanzlerin. Religionsfreiheit bedeute nicht, dass die Scharia über dem Grundgesetz stehe.

Dahinter stand der hehre Gedanke, dass sich der Rechtsstaat nicht von fundamentalistischen Strömungen in die Knie dürfe zwingen lassen. Das war mutig und gerecht. Ob es auch politisch klug und weise war, muss dahingestellt bleiben. Die negativen Nachwirkungen haben jedenfalls angehalten. Noch 2012 begründete ein 25-jähriger Mann seine tätlichen Angriffe auf Polizisten bei einer Demonstration in Deutschland damit, dass der deutsche Staat nicht für ein Verbot der Mohammed-Karikaturen sorge. Daher habe er als Muslim das Recht, Polizisten zu „bestrafen".

Da sind alle Dämme der Rechtsstaatlichkeit gebrochen. Das steht außer Zweifel. Aber eine reine Schwarz-Weiß-Debatte – hie Religionsfreiheit, da Meinungsfreiheit – wird dem emotionsgeladenen Thema auch nicht gerecht. Das war der einhellige Tenor der Experten Anfang September 2011, zehn Jahre nach den Anschlägen auf die Twin Towers in New York, bei einem Symposium der Katholischen Akademie in Bayern und der Schwabenakademie Irsee. Dort gingen die Fachmeinungen über die Mohammed-Karikaturen – anders als bei der Preisverleihung an Kurt Westergaard – deutlich auseinander. Der Leiter des Kulturzentrums bei den Minoriten in Graz, Johannes Rauchenberger, sprach sich gegen eine Rücksichtnahme aus, die sich nach dem Grad der Empfindlichkeit und damit nach dem Gewicht der Verletzung religiöser Gefühle richte. „Es kann nicht sein, dass die einen zimperlich sind und man nur wenig sagen darf und andere weniger zimperlich sind und man mehr sagen darf."

Jedenfalls habe der Karikaturenstreit das Bewusstsein verändert, meinte Rauchenberger. Vermutlich habe der muslimische Protest gegen die Muhammad-Karikaturen „manche Kirchenleute mit Neid erfüllt, weil katholische Gläubige immer seltener wegen Herabwürdigung religiöser Lehren vor Gericht ziehen". Zu dieser Einschätzung passt tatsächlich die Erklärung des Vatikans, der sich im Karikaturenstreit vielsagend auf die Seite der Muslime gestellt hat: „Das Recht auf Gedankenfreiheit und freie Meinungsäußerung, das in der Erklärung der Menschenrechte enthalten ist, kann nicht das Recht implizieren, die religiösen Gefühle der Gläubigen zu verletzen. Dieses Prinzip gilt selbstverständlich in Bezug auf jede Religion."

Dagegen versuchte Marie-Theres Tinnefeld bei dem Symposium zwei Ebenen zu unterscheiden: die Freiheit der Kunst und eine respektvolle Toleranz vor religiösen Überzeugungen. Rechtlich seien die Muhammad-Karikaturen erlaubt gewesen, moralisch nicht, meinte die Datenschutzexpertin an der Fachhochschule München. Daher habe der deutsche Presserat auch die Klage deutscher Imame völlig zu Recht abgelehnt. „Rechtlich gesehen waren die Karikaturen zulässig. Das Bundesverfassungsgericht sagt, bei Karikaturen soll es keine Einschränkungen geben, es sei denn, sie stellen etwas Intimes und Privates dar." Trotzdem sei zu fragen, ob man nicht Rücksicht nehmen solle, wenn eine andere Kultur Probleme mit solchen Darstellungen habe. „Was wiegt hier schwerer, die Pressefreiheit oder die Toleranz gegenüber Mitbürgern, die damit ernste Schwierigkeiten haben?", fragte Tinnefeld. „Religiöse Menschen hegen die berechtigte Erwartung, dass sie von Andersdenkenden mit einem angemessenen Respekt behandelt werden. Das ist eine Respekt-Toleranz, die nicht strafrechtlich, sondern moralisch begründet ist. Darauf beziehen sich politische Karikaturisten, die für religiöse Rücksichtnahme plädieren. Diese Einstellung muss allerdings auch in umgekehrter Richtung gelten."

Der Salzburger Fundamentaltheologe Gregor Maria Hoff brachte die Debatte am Ende theologisch ins Lot: Wenn der Mensch meine, Gott schützen zu können und zu müssen, dann beruhe genau das auf einem verzerrten Gottesbild. „Angegriffen können sich nur die Gottesverehrer selbst sehen." Das sei allerdings im Karikaturenstreit „mit gutem Grund" der Fall gewesen, meinte Hoff, und hob auf die globalisierte Medienwelt ab. „Der in seiner Ehre verletzte Gotteseiferer sieht sich einem Angriff ausgesetzt, den er in der offenen Mediengesellschaft nicht kontrollieren kann. Das provozierende Bild, der anstößige Text befinden sich unwiderruflich im Netz." Damit liege eine kulturgeschichtlich vererbte Konsequenz nahe: „Wenn man schon den Gegenstand nicht aus der Welt schaffen kann, dann seinen Produzenten. Die Macht zu vernichten löst die Erfahrung der eigenen Ohnmacht auf."

Peter Antes, Religionswissenschafter an der Universität Hannover, wies darauf hin, dass das Wort Blasphemie im Sinne der Gotteslästerung im Islam nicht vorkomme – mit zwei Ausnahmen: das Blasphemiegesetz in Pakistan und die Verurteilung von Muslimen wegen Unglaubens. Das Blasphemiegesetz in Pakistan diskriminiere in der Rechtspraxis religiöse Minderheiten, sagte Antes. Papst Benedikt XVI. habe Pakistan zuletzt beim Neujahrsempfang 2011 aufgerufen, dieses Gesetz aufzuheben. Die Reaktion sei brüsk gewesen. Der Generalsekretär der pakistanischen Partei Jamaat-e-Islami sprach von einer Einmischung in interne Angelegenheiten und einer „Einladung zum Zusammenprall der Kulturen".

Als Beispiel für die Verurteilung von Muslimen wegen „Unglaubens" nannte der deutsche Religionswissenschafter den Ägypter Nasr Hamid Abu Zaid. Der 2010 verstorbene Literaturwissenschafter und führende liberale Denker des Islam hatte erklärt, dass es der Koran nicht verbiete, „den Islam aufzugeben". Konservative islamische Gelehrte versuchten ihn daraufhin als Apostaten, als Abtrünnigen, anzuklagen. Das war aber im ägyptischen Strafrecht mangels Blasphemiegesetz nicht zulässig. Das Gericht fand einen Umweg und entschied, dass eine muslimische Frau gemäß der Scharia nicht mit einem „Ungläubigen" verheiratet sein dürfe. Daher wurde die Zwangsscheidung von Abu Zaid verfügt. Es folgten Morddrohungen, bis der Wissenschafter ins Exil in die Niederlande ging.

„Die Ungläubigen" hatte unter umgekehrten Vorzeichen auch der religiöse Gesinnungstäter Anders Behring Breivik im Sinn. Der selbsternannte „100-prozentige Christ" ermordete am 22. Juli 2011 in Norwegen 77 Menschen, überwiegend Teilnehmer am Zeltlager einer sozialdemokratischen Jugendorganisation. Als Motiv für die Anschläge gab der zum Tatzeitpunkt 32-jährige Mann an, Norwegen gegen „den Massenimport von Moslems" verteidigen zu wollen. Die regierenden Sozialdemokraten hätten dazu maßgeblich beigetragen, daher habe er sie „so hart wie möglich" treffen wollen.

Trotzdem: Die Glaubenswächter, die die Scharia durchsetzen wollen, und Massenmörder, die sich einen Popanz religiöser Argumentation aufbauen, sind auf dem absteigenden Ast. Im 21. Jahrhundert hat nur eine Religiosität Zukunft, die Freiheit nicht nur nicht behindert, sondern sie im besten Fall aktiv fördert. Die Freiheit, eine religiöse Überzeugung zu haben und dieser auch öffentlich Ausdruck zu verleihen, und die Freiheit, eine solche Überzeugung abzulehnen und dies ohne Angst um Leib und Leben sagen zu dürfen.

X. Kapitel
Die neue Freiheit und ihre Bedrohung

Der Staat als Hüter der Religionsfreiheit

Angesichts der neuen religiösen Pluralität ist der Staat gefordert, die Menschen- und Freiheitsrechte ins Gleichgewicht zu bringen. „Religion ist nie nur privat", sagt der Menschenrechtsexperte Heiner Bielefeldt. „Religiöse Neutralität des Staates ist der Versuch, mit religiösem Pluralismus fair umzugehen." Bielefeldt nennt als Beispiel die Konflikte um religiöse Symbole in der Schule. Da werde oft der Kurzschluss gemacht, der Staat sei religiös neutral, also müssten alle religiösen Symbole aus der Schule hinaus. Das sei allerdings nicht zwingend notwendig.

Entscheidend ist nach Ansicht von Bielefeldt der faire Umgang mit allen religiösen Gruppierungen. Den vermisst der Menschenrechtsexperte dort und da auch in Deutschland oder Österreich. Man könne zwar kaum von einer Verfolgung religiöser Minderheiten oder einer Verletzung des Menschenrechts auf Religionsfreiheit reden. „Aber Ungleichbehandlung kommt oft vor, etwa in der Gesetzgebung zu religiösen Symbolen. Es ist problematisch, dass in einigen deutschen Bundesländern religiöse Symbole im Unterricht verboten sind – außer christliche, weil diese kulturtragend seien. Da ergreift der Staat Partei, das ist diskriminierend. Dazu kommen Ressentiments gegen muslimische Minderheiten. Das ist bei weitem nicht vergleichbar mit Arbeitslagern in China, aber es sind Situationen, unter denen Menschen leiden."

Religionsfreiheit heißt auch, den Glauben sichtbar und hörbar äußern zu können. Es gibt deutsche Städte, in denen der Muezzin ruft. „Im Konkreten ist es aber sicher gut, miteinander zu reden und Ansprüche auch einmal nicht bis zum Letzten durchzusetzen", sagt Bielefeldt. Die legitime Erwartung, dass alle sich an die Gesetze des Landes halten, in dem sie leben, dürfe nicht mit einer Herr-im-Haus-Mentalität vermengt werden: Da sind wir – ihr müsst euch anpassen. Dieser merkwürdige Zungenschlag habe den Begriff der Leitkultur desavouiert.

Freiheitsräume gewähren und gegenseitige Respektierung sichern – das ist nach Ansicht von Jan Assmann die Aufgabe des säkularen Staates gegenüber den auf seinem Gebiet wohnenden religiösen Menschen. „Der säkulare Staat darf nicht zulassen, dass auf seinem Rechtsgebiet Religionen verunglimpft werden." Assmann empfindet es als „töricht", dass die Presse in Dänemark die Mohammed-Karikaturen als Leuchtturm der Pressefreiheit begrüßt habe. „Die Muhammad-Karikaturen erfüllen den Tatbestand der Beleidigung. Der Staat muss aber darauf achten, dass niemand beleidigt wird. Da haben wir noch viel zu lernen, was den gegenseitigen Respekt angeht. Die Muslime in Europa müssen das Recht des jeweiligen Gastlands respektieren – sie dürfen keine Ehrenmorde vollstrecken oder Ähnliches. Aber das Gastland muss gewährleisten, dass religiöse Überzeugungen seiner Gäste respektiert werden."

Der Staat als Hüter der Religionsfreiheit – diese Sichtweise hat sich selbst in der römisch-katholischen Kirche erst mit dem Zweiten Vatikanischen Konzil (1962–1965) durchgesetzt. In der

Erklärung über die Religionsfreiheit „Dignitatis humanae" haben sich die Konzilsväter zum „Recht der Person und der Gemeinschaft auf gesellschaftliche und bürgerliche Freiheit in religiösen Belangen" bekannt: „Die Würde der menschlichen Person kommt den Menschen unserer Zeit immer mehr zum Bewusstsein, und es wächst die Zahl derer, die den Anspruch erheben, dass die Menschen bei ihrem Tun ihr eigenes Urteil und eine verantwortliche Freiheit besitzen und davon Gebrauch machen sollen, nicht unter Zwang, sondern vom Bewusstsein der Pflicht geleitet." Alle Menschen seien zwar verpflichtet, „die Wahrheit, besonders in dem, was Gott und seine Kirche angeht, zu suchen und die erkannte Wahrheit aufzunehmen und zu bewahren". Aber diese Wahrheit erhebe auf keine andere Weise einen Anspruch „als kraft der Wahrheit selbst, die sanft und zugleich stark den Geist durchdringt".

Nach den vielfachen Verurteilungen der Religionsfreiheit durch die Päpste in der ersten Hälfte des 19. Jahrhunderts war dies eine Kehrtwendung um 180 Grad. Seither geht der Streit nicht mehr um eine „christliche Kultur" oder einen „christlichen Staat", sondern um den Gegensatz zwischen einem partnerschaftlichen Modell des Verhältnisses von Religionen und Staat und einer streng laizistischen Trennung der beiden.

In Deutschland und Österreich hat sich dies unter anderem in der Frage zugespitzt, ob theologische Fakultäten ein Existenzrecht an staatlich finanzierten Hochschulen hätten. Theologische Fakultäten, kirchliche Hochschulen, kirchliche Fachhochschulen etc. seien umzufunktionieren oder komplett aus kirchlicher Hand zu finanzieren, sagen in Deutschland „Die Laizisten – Hochschulinitiative für einen weltanschaulich neutralen Staat". Die Wissenschafts- und Lehrfreiheit müsse gewahrt bleiben, sagt die laizistische Bewegung, und wendet sich gegen die 32 theologischen Fakultäten (19 evangelische, 13 katholische) an staatlichen

Universitäten und gegen die 16 theologischen Hochschulen in Deutschland.

Ganz ähnlich argumentieren „Die Konfessionsfreien" in Österreich: „Die Trennung von Staat und Religion bzw. Weltanschauung ist Voraussetzung und integraler Bestandteil einer Demokratie. Dieses laizistische Prinzip gewährleistet die Gleichbehandlung der Religionen, Weltanschauungen, die Glaubensfreiheit und die Freiheit nicht zu glauben ... Der Staat erkennt damit Religion (wie auch Herkunft, Hautfarbe, Geschlecht etc.) nicht als kategorienbildendes Merkmal an und bleibt somit neutral. Laizität gehört zum Wesen einer Demokratie schlechthin ... Wir fordern daher nicht mehr und nicht weniger als die Streichung der gesetzlichen Privilegien der staatlich anerkannten Kirchen und Religionsgemeinschaften in Österreich sowie die konsequente und vollständige Trennung von Staat und Religion entsprechend dem Prinzip der Laizität." (www.konfessionsfrei.at)

Laizisten und Konfessionsfreie sind die neuen Plattformen, auf denen sich der Protest gegen „Privilegien" der Religionen manifestiert. Das hat einen guten Grund. In den 1970er und 1980er Jahren hatten sich politische Parteien – vorrangig Sozialdemokraten und Liberale – an die Spitze dieser gesellschaftspolitischen Auseinandersetzungen gestellt. Etwa seit einem Jahrzehnt kommen jedoch von größeren politischen Gruppierungen oder Teilorganisationen der Sozialdemokraten nur mehr vereinzelte Aktionen in dieser Richtung. Mehrheitlich überwiegt die Meinung, dass Kirche und Staat, Religionen und öffentliche Gemeinwesen zwar getrennt sein sollen, dass der Staat aber eine punktuelle Zusammenarbeit in beiderseitigem Interesse nicht verhindern müsse.

Die Kirchen und Religionsgemeinschaften erhalten deshalb vom Staat rechtliche Zugeständnisse und erhebliche finanzielle Zuschüsse. Der Staat wiederum ist daran interessiert, dass

Religionen nicht aus der Sakristei und aus geheimen Zirkeln heraus agieren, sondern dass sie offen auftreten und sich damit auch öffentlich deklarieren müssen. So begründete die deutsche Bildungsministerin Annette Schavan die Errichtung des ersten Zentrums für islamische Theologie an der staatlichen Universität Tübingen damit, dass Glaube reflektiert werden müsse: „Religion braucht Klärung und Aufklärung." Eine islamische Theologie an deutschen Universitäten könne beitragen zur Selbstreflexion und Selbstkritik der Religion sowie zur Ausbildung einer europäisch-muslimischen Gelehrsamkeit. Es sei wichtig, dass es auf universitärem Niveau eine wissenschaftliche Auseinandersetzung mit der islamischen Religion gebe, sagte Schavan. „Glauben ohne zu denken kann schnell in eine falsche Richtung führen." Darüber hinaus biete das Zentrum die Chance, den Dialog mit den christlichen Religionen zu fördern. Deutschland besitze durch die lange Tradition mit den christlichen Theologien geeignete Erfahrungen, um ein solches Kapitel zu schreiben.

„Eine Theologie, die sich tagtäglich der universitären Auseinandersetzung stellen muss, ist für unsere Gesellschaft allemal besser als eine Theologie in einer abgeschotteten Sonderwelt aus Fideismus, Biblizismus, Kreationismus, Traditionalismus oder gar Fundamentalismus", stellte dazu Christian Tapp in „Spektrum der Wissenschaft" 1/2012 fest. „Wenn wir uns staatliche Theologen leisten, hat das Vorteile für unsere Gesellschaft: Wir bewahren uns einen integrativen Teil der abendländischen Kultur; Kleriker erhalten eine vernunftverpflichtete Ausbildung, was nicht nur zu besseren Predigten führt, sondern auch die gemäßigten Kräfte in den Kirchen stärkt; unsere Kinder erhalten einen besseren Religionsunterricht, der sie eher religionsmündig macht als schlechter Unterricht oder gar keiner; die Kirchen können ihr soziales Engagement besser organisieren und fokussieren; für unsere Fragen nach den letzten Zusammenhängen der Welt und dem Sinn unseres Lebens erhalten wir Antworten am Leben, die sich über Jahrhunderte für unzählige Menschen bewährt haben. Theologie vermag, sie für einen rational denkenden Menschen zu erschließen und an die großen Bemühungen der Menschheit um Wissen und Weisheit anzubinden."

Letztlich haben die Befürworter einer Kooperation von Religionen und Staat durch die Angst vor fundamentalistischen Strömungen in religiösen Parallelwelten neuen Auftrieb bekommen. Religion bedürfe eines kritischen Gegenübers im säkularen Staat, die Ausbildung von Religionslehrern oder Imamen brauche die Auseinandersetzung auf wissenschaftlich-universitärem Niveau. Ein in Deutschland aufgewachsener und hier ausgebildeter Imam sollte weniger leicht fundamentalistischen Ideen zuneigen als Imame, die in der Türkei oder in einem arabischen Land ausgebildet wurden. Bislang predigen in Deutschland etwa 2000 Imame, die aus dem Ausland gekommen sind und kaum Deutsch sprechen. Sie bleiben oft nur wenige Jahre und kehren dann in ihre Heimat zurück. In Österreich ist es genauso.

Die Reaktionen eher fundamentalistischer Kreise in den jeweiligen Religionen – im Christentum nicht anders als im Islam – bestätigen diese Überlegungen. Denn sie stört diese Nähe zum Staat. Sie sehen darin eine Gängelung. So haben, um bei einem christlichen Beispiel zu bleiben, in den 1980er Jahren konservativ-traditionalistische Bischöfe in Österreich die theologischen Fakultäten an den staatlichen Universitäten heftig kritisiert. Sie wollten theologische Hochschulen, die ausschließlich dem Vatikan unterstehen. Nur dort könne eine vom Staat und vom universitären Umfeld unabhängige, römisch-katholische Theologie gelehrt werden.

Die Päpstliche Hochschule Heiligenkreuz im gleichnamigen Zisterzienserstift im Wienerwald gehört in diese Kategorie. Nicht zufällig wurde dort bei einem Symposium der Konflikt thematisiert, in dem sich theologische Fakultäten an staatlichen Universitäten befänden: zwischen der Autonomie der Universität und der kirchlichen Bindung der Theologie. Dahinter steht die Sorge um den Einfluss weltlicher Wissenschaften auf die kirchliche Lehre. Der stört die Hüter des „reinen Glaubens". Die möchten, egal ob sie Christen oder Muslime sind, eine „reine" Parallelgesellschaft.

Dagegen ist der Rechtswissenschafter an der Universität Bonn und langjährige Richter am deutschen Bundesverfassungsgericht, Udo Di Fabio, ein prominenter Vordenker der Partnerschaft von Staat und Religion. Bei einer Studientagung der Katholischen Akademie in Bayern über „Religion in der pluralen Gesellschaft" plädierte er für eine „wohlwollende Neutralität" des Staates gegenüber Religionen. Vollständige Einheit oder völlige Beziehungslosigkeit seien theoretische Grenzfälle, weil keine weltliche Herrschaft ohne transzendenten Bezug auskomme und keine Religion mit welterklärendem Charakter von politischer Herrschaft ganz unberührt bleibe.

Nach Ansicht von Di Fabio steht der Islam „in seiner heterogenen Religionsgeschichte immer wieder näher bei der Einheit" – wenn auch nicht ganz so nahe, wie manche meinten. Im Christentum dagegen sei die Trennung von Kirche und Staat schon in der Bibel angelegt: Jesus weist bei seiner Verhaftung den Petrus zurück, der zum Schwert greift. Das deutsche Grundgesetz sei „klar in der Mitte der beiden Pole positioniert" – als Folge der Totalitarismen des 20. Jahrhunderts: „Sowohl der deutsche Nationalsozialismus mit seiner rassistischen Menschenverachtung als auch der Kommunismus mit seiner Blindheit für Würde und Freiheit des Einzelnen waren buchstäblich gottlose Ideologien, die in kruder Logik ihre politische Totalität nicht allein für vernünftig hielten, sondern auch mit religionszersetzender Heilsgewissheit verbanden."

Als „Gegenentwurf", sagt Di Fabio, habe sich Deutschland am 23. Mai 1949 ein Grundgesetz „im Bewusstsein seiner Verantwortung vor Gott und den Menschen" gegeben. Das sei ein Akt der Selbstbescheidung und eine Geste der Demut des Staates gegenüber der Religion gewesen. Dahinter stehe die Einsicht des Verfassungsstaates um die Grenzen seiner Wirksamkeit und um die kulturellen Grundlagen einer freiheitlichen Gesellschaft, die der Staat selbst nur eingeschränkt fördern – oder schädigen – könne. Diese Einsicht auf Seiten des Staates nehme allerdings auch die Religionen in die Pflicht. Die wohlwollende Neutralität des Staates gelte nur, „solange Religion oder Weltanschauung nicht ihrerseits dem freiheitlichen und personalen Wertesystem des Grundgesetzes feindlich gegenüberstehen".

In dieser Linie ist es für den Staat und für die Wahrung der freiheitlichen Rechtsordnung besser, die religiöse Bildung und Ausbildung in das öffentliche Bildungssystem zu integrieren, anstatt sie privaten Koranschulen – oder dem Privatunterricht in der Sakristei – zu überlassen. Udo Di Fabio meint dazu, wer die Entstehung von Parallelgesellschaften verhindern wolle, müsse die religiöse Unterweisung von Kindern aus Koranschulen, die der öffentlichen Beobachtung schwer zugänglich seien, in den öffentlichen Raum der Schule holen. „Hier kann der Islam in Deutschland beweisen, wie ernst es ihm ist, auf gleicher Grundlage wie andere Religionen in der integrativen, aber pluralen Ordnung des Grundgesetzes anzukommen."

Das gilt – jenseits der Diskussion um „kirchliche Privilegien" – prinzipiell auch für christliche theologische Fakultäten. Es ist eine für den Staat vorteilhafte Transparenz, wenn sich religiöses Lehren und Lernen nicht in den internen Zirkeln rein kirchlich geführter Hochschulen abspielt. Der wissenschaftliche Anspruch an öffentlichen Universitäten hat eine reinigende Wirkung gegenüber fundamentalistischen Allmachtsphantasien. Der Staat gewährt Religionsfreiheit und darf als Gegenleistung einfordern, dass die Religionen konkurrierende Freiheitsrechte respektieren.

Glaube, Vernunft und der freie Wille

Der freie Mensch hat in einer freien Gesellschaft auch das Recht, ohne religiöses Bekenntnis zu leben – frei nach dem Glaubenssatz von Richard Dawkins: „Gott existiert mit großer Wahrscheinlichkeit nicht." Mit dieser Spielart des Atheismus hat einer wie Tomáš Halík keine Probleme. Der 1948 geborene tschechische Theologe war während der kommunistischen Herrschaft als Psychotherapeut tätig und wurde 1978 geheim zum Priester geweiht. Er meint, Dawkins kämpfe gegen eine sehr vereinfachte Vorstellung von Religion, gegen einen Gott, „an den auch ich nicht glaube". Das sei nur die Neuauflage des alten naturwissenschaftlichen Atheismus.

Die weit größere Herausforderung für die Freiheit des Menschen sieht Halík in der Hirnforschung. „Diese wissenschaftlichen Erkenntnisse sind ein großes Rätsel und brauchen eine fundierte theologische Antwort." Freier Wille und Verantwortung stehen auf dem Prüfstand. Die Neurowissenschaften sind weitgehend einig darüber, dass sich bereits Sekunden vor einer Entscheidungsfindung im Gehirn ablesen lasse, wie diese Entscheidung ausfallen werde – und zwar an einer Aktivität im präfrontalen Cortex, einem Teil der Großhirnrinde. Oft lege sich der Mensch erst im Nachhinein eine Begründung für sein Handeln zurecht, um wenigstens für sich selbst den Eindruck zu haben, dass er willentlich und frei entschieden habe.

Berühmt geworden – und berüchtigt – sind die Experimente des Physiologen Benjamin Libet von der Universität von Kalifornien in San Diego. Er ließ Probanden auf eine schnell laufende Uhr schauen. Zwischendurch mussten sie die rechte Hand heben und sich den Zeitpunkt merken, zu dem sie den „Drang" verspürten, diese Bewegung auszuführen. Dabei wurden Gehirn- und Muskelaktivität beobachtet. Das Ergebnis: Schon Sekunden bevor die Versuchsperson den „Drang" spürte, die Hand zu bewegen, hatte die Gehirnrinde diese vorbereitet.

Bis heute werden die Experimente, die Libet im Jahr 1979 veröffentlicht hat, kontrovers diskutiert. Und bis heute vollzieht die Forschung diese Experimente immer und immer wieder nach – in unterschiedlichen Versuchsanordnungen, aber mit ähnlichen Ergebnissen. Ist der freie Wille demnach eine Schimäre? „Es gibt da nichts", sagt Thomas Metzinger, „wir haben kein Selbst, geschweige denn eine Seele, wenn man das philosophisch genau betrachtet." Der Leiter des Arbeitsbereichs Theoretische Philosophie an der Gutenberg Universität Mainz hat im Jahr 2009 in seinem Buch „Der Ego-Tunnel" mit den Theorien des „Ich" und des „Selbst" aufgeräumt und ist als Philosoph im Kielwasser der Neurobiologie überzeugt von der „naturalistischen Wende im Menschenbild". Das bewusst erlebte Ich werde nur im Gehirn erzeugt. Was wir wahrnehmen, sei ein virtuelles Ich in einer virtuellen Realität. Die Neurobiologie habe nach dem Selbst gesucht – und es nicht gefunden. Das müsse der Mensch des 21. Jahrhunderts zur Kenntnis nehmen, auch wenn es als neuerliche epochale Kränkung an seinem Ego kratze.

„Bald werden nicht nur die Hirnforscher einsehen müssen, dass es die traditionelle Willensfreiheit nicht gibt", hatte der Neurobiologe und Verhaltensbiologe Gerhard Roth, Universität Bremen, seiner Spezies und den Philosophen schon im Jahr 2000 ins

Stammbuch geschrieben. Dass der Mensch selbst der Urheber oder Verursacher seiner Handlungen sei, stellte Gerhard Roth zuletzt in einem Interview im Magazin 15/2011 der „Süddeutschen Zeitung" in Frage. Das eine „Ich" gebe es nicht, sondern es gebe viele „Ichs", sagte der Verhaltensphysiologe. Es könne zwar „das Gefühl" auftreten, wonach wir selbst Verursacher unseres Tuns seien, etwa nach einem Glas Wasser zu greifen. „Allerdings fühlen wir uns erst dann als dieser Verursacher, wenn wir die Handlung schon ausführen und eine Art Vollzugsreiz ans Gehirn zurückgeleitet wird", so Roth. In Laboruntersuchungen könne man diesen Vollzugsreiz, die Rückmeldung ans Gehirn, durch eine starke Unterkühlung des zuständigen Nervs unterdrücken. Die betreffenden Versuchspersonen würden dann nicht mehr sagen, sie selbst hätten nach dem Glas Wasser greifen wollen, „sondern es war jemand anderer, der mich dazu gebracht hat".

Die Neurobiologie ist die jüngste, die topaktuelle Kränkung des Homo sapiens. Es ist die vierte Desillusionierung des Menschen, der sich gern als „Krönung der Schöpfung" sieht. Vorausgegangen sind die kosmologische, die evolutionistische und die psychotherapeutische Kränkung. Der deutsch-polnische Astronom Nikolaus Kopernikus (1473–1543) hat mit seinem heliozentrischen Weltbild dem Menschen die Illusion geraubt, dass er und die Erde der Mittelpunkt unseres Planetensystems seien – übrig geblieben ist ein Mensch als „Zigeuner am Rande des Universums" , wie der Genetiker und Nobelpreisträger Jacques Monod (1910–1976) gesagt hat. Charles Darwin (1809–1882) hat den Menschen in die Reihe der natürlichen Evolution gestellt. „Die Krone der Schöpfung" ist nichts anderes als ein Ergebnis der Entstehung der Arten durch Selektion. Sigmund Freud (1856–1939) hat dem Ich den Stolz vergällt, dass es Herr sei über das Es. Wo wir meinen, wir selbst zu sein, laufen unbewusste psychische Vorgänge ab. Im 21.

Jahrhundert ist nun die Neurobiologie angetreten, das menschliche Selbst und Selbstbewusstsein aus der Bahn zu werfen.

Den Marburger Philosophen Peter Janich überzeugt das alles nicht. Er hält an der „Urheberschaft" des Menschen fest. „Diese Zuschreibung der Handlungsurheberschaft, das, was man für sich selbst in Anspruch nimmt, ist der Kontext, in dem wir Wörter gelernt haben wie ‚ich' oder ‚selbst'. Im Alltag sagt kein Mensch ‚das Ich' oder ‚das Selbst'. Diese Substantivierung von ‚ich' und ‚selbst' ist ein naiver Fehler der Hirnforschung, die ein gestörtes Verhältnis zur Sprache hat."

In seinem Buch „Kein neues Menschenbild" hat Peter Janich 2009 den „naturalistischen" Ansatz der Neurowissenschaften zurückgewiesen. „Alles, was mit Erkennen zu tun hat, ist auf den Unterschied von ‚wahr' und ‚falsch' bezogen. Diese Wörter ‚wahr' und ‚falsch' können Sie niemals aus einer Sprache nach Art der Physik gewinnen." Die Naturwissenschaften würden nur beschreiben. „Dagegen findet in der Frage von Recht oder Moral keine Beschreibung statt, sondern Zuschreibung. Wir schreiben anderen Menschen etwas zu, eine Schuld oder ein Verdienst." Der Anfang all dessen ist nach Ansicht des Marburger Philosophen das kindliche „Ich selber machen": dass wir von uns selbst sagen, ich habe etwas erkannt, ich habe etwas gemacht. „Diese Bezeichnungen müssen wir alle schon erlernt haben und verstehen, bevor wir Neurobiologie studieren können. Wir beziehen uns auf das, was wir aus dem Alltagsleben mitbringen".

Schon der Reformator Martin Luther hatte sich unter Einsatz all seiner polemischen Kraft gegen einen Herrschaftsanspruch der Philosophie über die biblische Botschaft zur Wehr gesetzt und von der „Hure Vernunft" gesprochen. „Doch Luther war, ebenso wie die anderen Reformatoren, zugleich von der Überzeugung bestimmt, dass die Vernunft mit all ihrem Vermögen der Erkenntnis der biblischen Wahrheit zu dienen habe", stellte der evangelische Bischof Wolfgang Huber im Oktober 2006 in einer Replik auf die Regensburger Rede des Papstes in der Frankfurter Allgemeinen Zeitung fest. Schon der junge Luther habe deshalb in seinem Kommentar zum Römerbrief erklärt, dass die Vernunft „für das Beste" eintrete und „gute Werke" tue. Der höchste Titel, den er für sich selbst habe gelten lassen, war derjenige eines „Doctors der Heiligen Schrift". Damit habe die Reformation der Ausbildung der Theologie zu einer kritischen Wissenschaft im modernen Sinn ebenso den Weg gebahnt, wie sie die Verbindung von Glauben und Bildung in das Zentrum des kirchlichen Auftrags gerückt habe.

Huber sieht zwei Gefahrenzonen, in die das Verhältnis von Glaube und Vernunft abgleiten könne: Tendenzen zur Ästhetisierung und zur Politisierung der Religion. Im einen Fall werde die Religion zu einer privaten Sinnsuche in der Welt des Schönen und Erhabenen, im anderen werde sie zum Medium des Bürgerkriegs. Die eine Gestalt des Religiösen spinne sich in einer hoch individualisierten Welt ein; die andere suche die Masse und meide jegliche Differenzierung. „Beide Gestalten religiöser Sinnsuche haben eines gemeinsam: Sie scheuen den Kontakt zur vernünftigen Seite des Glaubens. Dieser Kontakt aber hat notwendigerweise mit kritischer Urteilskraft, mit wissenschaftlichem Dialog und mit Verantwortung vor dem Forum der öffentlichen Vernunft zu tun."

Die Befreiung der Frauen

Vor diesem Forum der Öffentlichkeit kommen die Religionen zunehmend auch wegen ihrer Haltung gegenüber den Frauen in Bedrängnis.

„Christentum, Judentum, Islam, Buddhismus und der Großteil des Hinduismus sind total maskulin dominiert", sagt Michael von Brück, Religionswissenschafter in München und führender Buddhismus-Experte im deutschsprachigen Raum. Am wenigsten treffe dieses Patriarchat auf einige Strömungen im Hinduismus zu. Im Buddhismus diagnostiziert von Brück eine ähnliche Entwicklung wie im Christentum. So wie Jesus im Verhalten gegenüber Frauen über den Rahmen seiner Zeit hinausgegangen sei, so habe auch Buddha allein schon durch die Gründung eines Frauenordens „etwas Revolutionäres getan, selbst wenn diese Nonnen den Mönchen unterstellt waren".

Im Christentum wie im Buddhismus seien diese emanzipatorischen Ansätze aber in Laufe der Geschichte durch die allgemeinen gesellschaftlichen und kulturellen Zwänge immer wieder zurückgedrängt worden. „Aber Frauenbewegungen, sei es in den Frauenklöstern oder auch unter den Laien, hatten bei entsprechender Bildung immer die Möglichkeit, an diesen emanzipatorischen Impuls der Frühzeit anzuknüpfen."

Von Brück sieht gegenwärtig eine weltweite buddhistische Frauenbewegung, die sehr stark von europäischen und amerikanischen Buddhistinnen und Nonnen inspiriert sei. Diese fänden aber auch in Tibet oder China und selbst in sehr konservativen Ländern wie Thailand Resonanz. „Eine der hervorragenden Gestalten, die ganz Südasien aufgemischt hat, war Ayya Khema, eine ursprünglich jüdische Frau aus Berlin, die nach Australien emigriert ist und Buddhistin wurde." Sie habe als herausragend inspirierte buddhistische Nonne die chauvinistischen Männer das Fürchten gelehrt. „Selbstverständlich", sagte von Brück, könne eine Frau auch Dalai Lama werden. „Ein Dalai Lama reinkarniert sich in der Gestalt, in der er am meisten Nutzen bringt."

Dieser Meinung schließt sich der buddhistische Mönch Lharampa Tenzin Kalden Dahortsang an, der in religiösen Zentren vor allem in der Schweiz lehrt. „Eine Frau als Dalai Lama wäre schön, aber dass es in absehbarer Zeit geschieht, glaube ich nicht." Der 1972 in Tibet geborene Mönch hat 17 Jahre an einer Klosteruniversität in Indien studiert und den hohen akademischen Grad des Lharampa in der Gelug-Tradition erworben. Zur Frauenfrage im Buddhismus sagt der Mönch, die Entwicklung der tibetischen Mentalität erfordere viel Zeit. „Seine Heiligkeit, der Dalai Lama selbst hat einmal gesagt, dass er auch als Frau wiedergeboren werden könnte, wenn der günstige Moment dafür gekommen sei."

Buddhistische Nonnen in Tibet hatten nach Ansicht von Tenzin Kalden nie die Idee der Emanzipation. „Diese ist für sie neu, sie ist vom Westen gekommen." Die Frauen in Tibet hätten diese Gedanken aber aufgenommen; dadurch seien die jüngeren Frauen, die neue Generation, unzufriedener geworden. „Aber das ist gut so", betonte der Mönch. „Unzufriedenheit enthält die Möglichkeit des Fortschritts, der Weiterentwicklung. Daher unterstütze ich es selbstverständlich, dass die Frauen große Heilige werden oder große Gelehrte werden und dass sie sämtliche Rechte haben, die auch die Männer haben."

Das römisch-katholische Christentum ist in dieser Hinsicht – ebenso wie die orthodoxen Kirchen – kein Vorbild. Papst Johannes Paul II. hat 1994 die Weihe von Frauen zu Priesterinnen „endgültig" abgelehnt. In seinem Apostolischen Schreiben „Ordinatio Sacerdotalis" stellte der Papst fest: „Obwohl die Lehre über die nur Männern vorbehaltene Priesterweihe sowohl von der beständigen und umfassenden Überlieferung der Kirche bewahrt als auch vom Lehramt in den Dokumenten der jüngeren Vergangenheit mit Beständigkeit gelehrt worden ist, hält man sie in unserer Zeit dennoch verschiedenenorts für diskutierbar, oder man schreibt der Entscheidung der Kirche, Frauen nicht zu dieser Weihe zuzulassen, lediglich eine disziplinäre Bedeutung zu. Damit also jeder Zweifel bezüglich der bedeutenden Angelegenheit, die die göttliche Verfassung der Kirche selbst betrifft, beseitigt wird, erkläre ich kraft meines Amtes, die Brüder zu stärken (vgl. Lk 22,32), dass die Kirche keinerlei Vollmacht hat, Frauen die Priesterweihe zu spenden, und dass sich alle Gläubigen der Kirche endgültig an diese Entscheidung zu halten haben."

„Endgültig" zur Ruhe gekommen ist die Debatte damit nicht, auch wenn Rom bis heute den Deckel draufhält. Genau das hat der Regensburger Bischof Gerhard Ludwig Müller im Juni 2012 in einem Beitrag in der Jesuitenzeitschrift „Stimmen der Zeit" getan – kurz bevor Papst Benedikt XVI. ihn zum neuen Präfekten der römischen Glaubenskongregation berufen hat. Müller replizierte auf den emeritierten Bamberger Dogmatiker Georg Kraus, der in seinem vorausgegangenen Beitrag in den „Stimmen der Zeit" zu dem Schluss gekommen war: „Wenn sich die katholische Kirchenleitung am Heilswillen des Herrn orientiert, hat sie eindeutig die Vollmacht, Frauen die Priesterweihe zu spenden."

Der neue oberste Glaubenshüter in Rom fuhr dagegen mit schwerem Geschütz auf: „Eine solch schwerwiegende Infragestellung des geoffenbarten Willens Jesu, der moralischen Integrität des Lehramtes, der theologischen Qualifikation von Johannes Paul II., des damaligen Präfekten Joseph Kardinal Ratzinger und aller bischöflichen Mitglieder der Glaubenskongregation und der Lehrkompetenz der Kirche überhaupt sowie die Ausschaltung des dogmatischen Gewichtes der apostolischen Tradition bedarf einer lehramtlichen und theologischen Entgegnung." Schließlich gehe es bei der Frauenweihe um eine theologisch-dogmatische Festlegung. Pragmatische Überlegungen hätten dabei keinen Stellenwert, „etwa die Suche nach einer Gesellschaftskonformität, die dem ideologischen Feminismus den Wind aus den Segeln nehmend, Frauen als Ersatz bei Priestermangel oder Komplementarität und Ergänzung von männlichem und weiblichem Priestertum u. ä. vorschlagen."

Nach der Lehre der römisch-katholischen Kirche ist das Priesteramt Männern vorbehalten, weil Christus während des Abendmahls am Gründonnerstag nur Männer zu Aposteln berufen habe. Anhänger der Frauenordination argumentieren dagegen, Jesus habe gemäß dem damaligen Zeitgeist gehandelt.

An dieser Bruchlinie hat es seit 1970 auch in der anglikanischen Kirche erhebliche Verwerfungen gegeben. Die ersten Priesterinnen wurden in den Kirchen der USA, Kanadas und Neuseelands geweiht. Als erste anglikanische Bischöfin wurde Barbara Clementine Harris im Jahr 1989 zur Suffraganbischöfin der Diözese Massachusetts geweiht.

In der Church of England ist die Ordination von Frauen zu Priesterinnen seit 1993 möglich. Am 12. März 1994 wurden die ersten 32 Priesterinnen ordiniert. Im Jahre 2005 hat die Kirche zudem entschieden, dass Frauen künftig auch zum Bischofsamt zugelassen sind. Die Folgen waren schwerwiegend: Am 8. Jänner 2011 sind erstmals drei anglikanische Bischöfe aus Protest gegen die Bischofsweihe von Frauen zum katholischen Glauben übergetreten. Ironie der Kirchengeschichte: Sie wurden als verheiratete Männer zu katholischen Priestern geweiht – was Rom seinen eigenen Priesterkandidaten, die zum Zölibat verpflichtet sind, strikte verweigert.

Für die Kirchen der Reformation hat Christoph Kähler, Landesbischof der evangelisch-lutherischen Kirche in Thüringen, am Reformationstag 2005 die Frauenordination als „eine der wesentlichen langfristigen Wirkungen der von Martin Luther 1517 ausgelösten Reformation" bezeichnet. Seit 1928 seien Frauen in der Thüringer Landeskirche zu speziellen seelsorgerlichen Diensten ordiniert worden, seit 1969 seien sie den Pfarrern völlig gleichgestellt und können Pastorinnen werden.

Insgesamt hat es seit Mitte der 1960er Jahre in den meisten Landeskirchen Bemühungen für die vollständige Gleichstellung von Frauen im Amt gegeben. 1978 hat die Evangelische Kirche in Deutschland (EKD) dann diese rechtliche Gleichstellung von Pfarrerinnen mit ihren männlichen Kollegen beschlossen. Es dauerte aber noch bis 1991, bis die evangelisch-lutherische Kirche Schaumburg-Lippe als letzte Landeskirche die volle Ordination von Frauen ins Pfarramt zugelassen hat.

Schon ein Jahr später machte die Synode der nordelbischen evangelisch-lutherischen Kirche den entscheidenden Schritt zur Ordination einer Bischöfin. Im April 1992 wurde Maria Jepsen als weltweit erste Frau einer evangelischen Kirche zur Bischöfin gewählt. Sie wurde am 30. August 1992 in ihr Amt in Hamburg eingeführt. Auf Grund „kontrovers geführter Diskussionen in der kirchlichen Öffentlichkeit" hat die EKD ihre Kammer für Theologie um eine Expertise gebeten. In der hieß es am 20. Juli 1992: „Die Wahl einer Frau zur Bischöfin von Hamburg ist in voller Übereinstimmung mit den theologischen und rechtlichen Grundsätzen der evangelischen Kirche erfolgt."

Im Judentum dürfen Frauen nur in den liberalen und konservativen Gemeinden zu Rabbinerinnen ordiniert werden. An der streng orthodoxen Yeshiva-Beis-Zion-Schule in Berlin beispielsweise werden nur Männer ausgebildet. Nur wenn man das Judentum „nicht authentisch und vollständig ernst nimmt", sagt ein Schüler dort, komme die Überlegung in den Sinn, dass auch Frauen Rabbinerinnen werden könnten (www.spree-aviv.de). Im orthodoxen Judentum sitzen Frauen selbst beim Gottesdienst von den Männern getrennt. Trotzdem lehrten im Jahr 2012 weltweit etwa 600 Rabbinerinnen. In Deutschland waren vier von 30 Rabbinern Frauen. Die 31-jährige Alina Treiger war die erste Frau, die nach dem Holocaust in Deutschland zur Rabbinerin ausgebildet wurde. Sie hat im Jahr 2010 die Ordination erhalten und betreut die Gemeinden in Oldenburg und Delmenhorst.

Im Islam ist eine Frau als Vorbeterin selbst in fortschrittlichen deutschen Gemeinden wie Penzberg in Bayern noch Zukunftsmusik. „Aber vielleicht können wir das einmal mit den katholischen Frauen gemeinsam durchsetzen", meint Gönül Yerli, die Vizedirektorin des Islamischen Forums, mit einem freundlichen Schmunzeln auf den Lippen. Die führende Frau in der muslimischen Gemeinde in Bayern ist in Deutschland aufgewachsen, hat muslimische Religionspädagogik studiert und weiß, wovon sie spricht: Sie hat sich auch noch dem Studium der katholischen Theologie gewidmet.

XI. Kapitel
Der Dialog der Religionen trägt Früchte

Das Weltereignis Assisi und der Fauxpas von Regensburg

Es war am 25. Januar 1986 in Sankt Paul vor den Mauern. Sowohl Datum als auch Ort waren von symbolischer Bedeutung: 25 Jahre nachdem Papst Johannes XXIII. in ebendieser Basilika das II. Vatikanische Konzil ausgerufen hatte, sprach Papst Johannes Paul II. seine historische Einladung zu einem Gebetstreffen der Weltreligionen aus. Es fand am 27. Oktober 1986 in Assisi statt, konkret in der Kathedrale Santa Maria degli Angeli, der Grabeskirche des heiligen Franziskus. Die Qualität der Teilnehmer war, wenn man den jeweiligen Rang in ihrer Religionsgemeinschaft zum Maßstab nimmt, sensationell. Insgesamt 150 Vertreter der zwölf größten Weltreligionen waren der Einladung des Papstes gefolgt, darunter der Dalai Lama, Imam Inamullah Khan als Vertreter des Islam und der römische Oberrabbiner Elio Toaff als Vertreter des Judentums. Die Berührungsängste waren wohl ebenso groß wie der Respekt voreinander. Um eine gegenseitige Vereinnahmung und jeden Anschein von Synkretismus zu vermeiden, war es zwar eine Begegnung „miteinander". Beim Beten wurde aber ein Modus des „nacheinander" gewählt. Jeweils eine Gruppe trug in der Kathedrale in ihrer eigenen Art und Weise ein Gebet vor, während die anderen zuhörten.

Dennoch war der Widerstand traditionalistischer Kreise in der römisch-katholischen Kirche groß. Das Treffen habe in gewisser Hinsicht so getan, als ob die Gläubigen aller Kirchen und Religionen zusammen beten könnten. Das verdecke, dass sich die Kirchen und Religionen oft in ihrem Gottes- und auch in ihrem Menschenbild stark unterscheiden würden. Bezeichnend war der Brief, den der traditionalistische Erzbischof Marcel Lefebvre am 27. August 1986 an sieben Kardinäle richtete. Sie sollten „gegen diesen abscheulichen Kongress der Religionen" Widerstand leisten. Das Gebot, du sollst an einen Gott glauben, werde „öffentlich von dem verhöhnt, der auf dem Stuhl Petri sitzt".

Nur als Bonmot ist eine angebliche Äußerung des damaligen Präfekten der römischen Glaubenskongregation, Kardinal Joseph Ratzinger, überliefert. Auf die Frage von Journalisten, warum er trotz seiner großen Vorbehalte mit dem Papst zu diesem Gebetstreffen der Weltreligionen nach Assisi fahre, soll Ratzinger gesagt haben: „Sie sehen ja, dass ich gegen die Fahrtrichtung sitze." Ob wahr oder nicht, verbürgt ist die Haltung, die Joseph Ratzinger 25 Jahre danach als Papst Benedikt XVI. eingenommen hat. Er lud für den 27. Oktober 2011 zu einem „Tag der Reflexion, des Dialogs und des Gebets für Gerechtigkeit und Frieden in der Welt" nach Assisi ein. Er selbst nehme daran teil, so der Papst, um eine synkretistische oder relativistische Auslegung des Vorgangs unmöglich zu machen. Der Kreis der Eingeladenen wurde bewusst über die Vertreter der Weltreligionen hinaus erweitert. „Ich lade alle christlichen Brüder der verschiedenen Konfessionen, die Vertreter der religiösen Traditionen der Welt und ideell alle Menschen guten Willens dazu ein, sich diesem Weg anzuschließen", hatte Benedikt XVI. gesagt.

Der Papst, dem wenige Jahre davor ein Aufsehen erregender Fauxpas gegenüber den Muslimen passiert war. In seine Rede vom 12. September 2006 an der Universität Regensburg. Benedikt XVI. hatte sich mit seinem Lieblingsthema Glaube und Vernunft auseinandergesetzt. Nicht vernunftgemäß zu handeln sei dem Wesen Gottes zuwider, ebenso wie jedwede Gewalt. In diesem Zusammenhang hatte der Papst den byzantinischen Kaisers Manuel II. aus dem Jahr 1391 zitiert: „Zeig mir doch, was Mohammed Neues gebracht hat, und da wirst du nur Schlechtes und Inhumanes finden wie dies, dass er vorgeschrieben hat, den Glauben, den er predigte, durch das Schwert zu verbreiten."

„Inhaltlich hat er nichts falsch gemacht. Ein Professor zitiert und kommentiert. Er hat einen politischen Fehler gemacht, weil er nicht eine solche Reaktion erwartet hat", sagte dazu der Jesuit und Islamexperte Samir Khalil Samir, der in Beirut unterrichtet, am 21. September 2006 in Radio Vatikan. Joseph Ratzinger, vormals Theologieprofessor in Regensburg, hatte nicht hinreichend bedacht, dass jedes seiner Worte als Papst auf die Goldwaage gelegt wird, oder wie es „Die Zeit" in Nr. 6/2007 treffend formulierte: „Dass es den Professor Ratzinger nicht mehr gibt, hat der Papst nach seiner Rede in der dortigen Universität schmerzhaft zu spüren bekommen. Ein Papst kann sich nicht einfach den Professorenhut wieder aufsetzen. Die gewalttätigen Reaktionen auf die Regensburger Rede haben Benedikt gezeigt, dass er in einem anderen Sprachspiel angekommen ist, in dem man mit höheren Einsätzen spielt."

Das gilt auch für das historische Zitat, das für Benedikt XVI. nicht in dem Gewaltvorwurf gegen die Muslime gegipfelt hatte, sondern in dem Satz, in dem Manuel II. die Vernunft einfordert: „Gott hat kein Gefallen am Blut, und nicht vernunftgemäß zu handeln, ist dem Wesen Gottes zuwider." In der islamischen Welt war aber nur – vom Medientross im Gefolge des Papstes entsprechend aufbereitet – der Vorwurf angekommen, dass der Islam nichts als Gewalt gebracht habe. In der türkischen Hauptstadt Ankara stellte der Vizechef der Regierungspartei AKP den Papst in eine Reihe mit Hitler und Mussolini, im Gazastreifen flogen Sprengsätze auf eine christliche Kirche.

Dagegen meinte etwa die „Frankfurter Rundschau": „Eines kann man dem Papst ankreiden: Das Zitat des byzantinischen Kaisers Manuel II., an dem der Konflikt nun aufgehängt wird, lässt sich so lesen, als richte sich die päpstliche Kritik an der Verbreitung des Glaubens mit Gewalt ausschließlich gegen Muslime. In der Regensburger Vorlesung als Ganzer aber findet die Aufregung, die jetzt von Pakistan bis Europa inszeniert wird, keinen vernünftigen Grund." Und der „Münchner Merkur" sah sich angesichts der einseitigen Zitierung der Papstrede geradezu in einer verkehrten Welt. Denn der Papst habe „in allen seinen Reden niemals den Gläubigen in der islamischen Welt seinen Respekt verwehrt, sondern vielmehr einem christlichen Westen, der seine Werte, seinen Glauben verloren hat."

Benedikt XVI. selbst betonte nach einer gehörigen Schrecksekunde: „Dieses Zitat ist in der muslimischen Welt leider als Ausdruck meiner eigenen Position aufgefasst worden und hat so begreiflicherweise Empörung hervorgerufen. Ich hoffe, dass der Leser meines Textes sofort erkennen kann, dass dieser Satz nicht meine eigene Haltung dem Koran gegenüber ausdrückt, dem gegenüber ich die Ehrfurcht empfinde, die dem heiligen Buch einer großen Religion gebührt."

Die erste differenzierte Stellungnahme aus der islamischen Welt kam von 38 namhaften Gelehrten, die bereits am 12. Oktober 2006 in dem amerikanischen Magazin „Islamica" einen offenen Brief an Papst Benedikt XVI. geschrieben haben. Sie begrüßten die Bemühungen des Papstes, „sich der Vorherrschaft positivistischer und materialistischer Denkweisen im menschlichen Leben entgegenzustellen", betonten aber gleichzeitig: „Es gibt keinen Zwang im Glauben." Die Behauptung, Muslimen sei befohlen, ihren Glauben „mit dem Schwert" zu verbreiten, sei unhaltbar. „Zwar war der Islam als politisches Gebilde zum Teil wohl durch Eroberung verbreitet worden, aber der weitaus größere Teil seiner Ausbreitung war das Ergebnis predigender und missionarischer Tätigkeit. Die islamische Lehre schrieb nicht vor, die Bevölkerung der eroberten Gebiete zum Eintritt in den Islam zu zwingen. In der Tat blieben viele Gebiete, die die Muslime früh eroberten, jahrhundertelang überwiegend nicht-muslimisch. Hätten die Muslime alle anderen mit Gewalt bekehren wollen, wäre keine Kirche und keine Synagoge in der islamischen Welt erhalten geblieben."

Die Probe aufs Exempel hatte Benedikt XVI. schon kurz darauf – vom 28. November bis 1. Dezember 2006 – bei einer längst geplanten Türkei-Reise zu bestehen. Kennzeichnend für die angespannte Stimmungslage war, dass Ministerpräsident Recep Tayyip Erdogan erst nach Protesten einen Termin für eine Begegnung mit dem Papst fand. Dieser selbst nahm als Geste der Versöhnung mit den Muslimen kurzfristig noch einen Besuch in der berühmten Blauen Moschee in Istanbul ins Programm auf. Es war sein erster Besuch eines islamischen Gebetshauses und – nach Johannes Paul II. im Jahr 2001 in Damaskus – überhaupt erst der zweite eines römisch-katholischen Oberhaupts.

Die Religionen im Prozess der Selbstreinigung

Die Regensburger Rede, die Auseinandersetzungen darüber und der anschließende Spießrutenlauf des Papstes in der Türkei haben eines deutlich gemacht: Keine Seite kann mehr einfach darüber hinweggehen – und wegsehen –, wenn es zwischen großen Weltreligionen schiefläuft. Spätestens der Schock von 9/11 hat den Religionen ihre Verstrickung in die Politik und ihre Mitverantwortung für den Weltfrieden bewusst gemacht. Trotzdem zeigte sich gerade auch am Terroranschlag von New York, wie groß die Schwierigkeit ist, politisches und religionspolitisches Machtgehabe von unverfänglicher religiöser Präsenz zu trennen.

So erregte das Vorhaben, nur knapp 400 Meter von Ground Zero entfernt ein muslimisches Zentrum mit einer Moschee zu errichten, noch ein Jahrzehnt danach die Gemüter in New York und weit darüber hinaus. Die einen kämpften für die Religionsfreiheit und das zwingend damit verbundene Recht, Gebetsräume und Gotteshäuser zu errichten. Die anderen hielten es für eine Provokation, dass Muslime sich in unmittelbarer Nachbarschaft jenes Ortes festsetzen wollten, wo islamistischer Terror die westliche Welt erschüttert hatte.

Der New Yorker Bürgermeister Michael Bloomberg hat sich selbst hinter die Initiative gestellt. Nicht nur, weil der Bauplatz ohnehin zwei Straßenblöcke von Ground Zero entfernt sei. Sondern auch, weil Toleranz und Offenheit, freie Meinungsäußerung und Religionsausübung zu den Grundlagen seiner Stadt und der ganzen Nation gehörten. Doch je länger die Diskussion um das Vorhaben andauerte, desto kritischer hörte sich die öffentliche Meinung an. In einer Umfrage hatten 54 Prozent zwar nichts gegen eine weitere Moschee in Manhattan einzuwenden. Die meisten plädierten aber dafür, das muslimische Gotteshaus weiter entfernt von Ground Zero zu errichten.

Unsensibel und uneinsichtig waren noch die geringsten Vorwürfe gegen Feisal Abdul Rauf, den Imam des geplanten Cordoba-Hauses. Die gescheiterte Vizepräsidentschaftskandidatin Sarah Palin nannte die Absicht, an diesem „heiligen Ort" eine Moschee zu errichten, „einen Stich in das Herz der unschuldigen Opfer dieser entsetzlichen Angriffe". Die Frage, warum 400 Meter Abstand nicht reichten und was bei 1000 Metern anders wäre, blieb dabei akademisch, weil der Konflikt extrem symbolisch aufgeladen war. Gemäßigte Kritiker meinten daher, auch wenn es kein Maß für einen angemessenen Abstand von einer Gedenkstätte gebe, sei die Forderung nicht unberechtigt, auf die Gefühle der Hinterbliebenen der Opfer des Terroranschlags Rücksicht zu nehmen.

Als Beispiel wurde die Schließung des Karmeliterklosters in der KZ-Gedenkstätte Auschwitz angeführt. 1984 errichtet, hat Papst Johannes Paul II. dieses Kloster 1987 schließen lassen, weil die Opfer des Holocaust betende Nonnen an dem Ort, wo Tausende Juden ermordet wurden, als Provokation empfunden hatten. Auch wenn die frommen Ordensfrauen nicht wussten, wie ihnen geschah: Ein katholisches Kloster an der Gedenkstätte für jüdische Opfer des Nazi-Regimes hatte sich als unverträglich erwiesen.

Trotz solcher Brennpunkte, in denen die Dialogfähigkeit der Religionen auf dem Prüfstand steht, hat sich das Ziel einer besseren Verständigung seit dem 11. September 2001 als alternativlos erwiesen. Das betonten auch die 38 muslimischen Gelehrten in ihrer Antwort auf die Papstrede von Regensburg. Die islamischen Gelehrten streuen zuerst dem Papst Rosen und verpflichten sich dann selbst zum Dialog: „Als das Haupt von über einer Milliarde Katholiken und als moralisches Vorbild für viele Menschen auf der ganzen Welt liegt es ohne jeden Zweifel an Ihnen als einer Person, deren Einfluss einzigartig ist, diese Beziehung in Richtung eines gegenseitigen Verständnisses weiterzuführen. Wir teilen Ihren Wunsch nach einem offenen, ehrlichen Dialog und sind uns dessen Bedeutung bewusst in einer Welt, in der die Menschen verschiedener Länder zunehmend aufeinander angewiesen sind. Auf der Grundlage eines solchen ehrlichen, offenen Dialoges hoffen wir, friedliche nachbarschaftliche Beziehungen weiterentwickeln zu können, die auf gegenseitiger Achtung, Gerechtigkeit und unserer im wesentlichen gemeinsamen abrahamitischen Tradition gegründet sein mögen."

Was hier auf höchster offizieller Ebene angesprochen ist, versuchen andere sozusagen im mittleren Management von Religionsgemeinschaften voranzubringen. Dazu gehörte am 7. September 2011 die Zweite Globale Konferenz der Religionen der Welt nach 9/11 in Montreal. Prominentester Teilnehmer war, wie häufig bei solchen Zusammenkünften, der 14. Dalai Lama Tenzin Gyatso. Weiters kamen der Nobelpreisträger Laureate Shirin Ebadi, der bekannte Autor Deepak Chopra, der Religionswissenschafter Hans Küng sowie Swami Dayananda Sarawati. Diskutiert wurde über „Frieden durch Religion" und das Ziel, eine von allen großen Weltreligionen verfasste „Allgemeine Erklärung der Menschenrechte der Religionen der Welt" auszuarbeiten.

Im Juli 2009 fand nach 2003 und 2006 der Dritte Kongress der Weltreligionen in Astana statt. Diese Dialogreihe in der Hauptstadt von Kasachstan geht auf eine Initiative von Präsident Nursultan Nasarbajew zurück. Der Vatikan war durch den Präsidenten des Päpstlichen Rates für den Interreligiösen Dialog, Kardinal Jean-Louis Tauran, vertreten.

Im Dezember 2009 hat die jüngste Zusammenkunft des Parlaments der Weltreligionen in Melbourne, Australien, stattgefunden. Es ist die älteste Dialogorganisation, die bereits 1893 in Chicago mit dem ersten Treffen gegründet wurde. Das Folgetreffen fand allerdings erst 100 Jahre später, im Jahre 1993, ebenfalls in Chicago statt. Seither tagte dieses Weltparlament der Religionen alle 5 bis 6 Jahre: 1999 in Kapstadt, 2004 in Barcelona und 2009 in Melbourne.

Die älteste Initiative ist die „Weltkonferenz der Religionen für den Frieden" (WCRP). Seit den Atombombenabwürfen auf Hiroshima und Nagasaki gab es dazu von Japan ausgehende Bemühungen. 1970 fand schließlich die erste Weltversammlung von Vertretern der Weltreligionen in Kyoto statt. In Abständen von etwa fünf Jahren folgten bislang weitere sieben Versammlungen. WCRP ist eine Vereinigung auf der Basis ehrenamtlicher Mitgliedschaft, sie ist in mehr als 100 Ländern vertreten, hat ihren Hauptsitz in New York und wird von der UNO als Nicht-Regierungsorganisation (NGO) anerkannt. Das Augenmerk gilt den Fragen der Abrüstung, der Menschenrechte und der Friedenserziehung. Friedensprojekte wurden u. a. im Nahen Osten, Sierra Leone und Bosnien-Herzegowina initiiert.

Die römische Gemeinschaft Sant'Egidio hat seit Mitte der 1980er Jahre internationale Friedenstreffen der Religionen initiiert. Sie wollte im Geist des Weltfriedensgebetes weiterwirken, zu dem Papst Johannes Paul II. 1986 in Assisi eingeladen hat. Meilensteine waren die Begegnungen zum 50. Jahrestag des Ausbruchs des Zweiten Weltkriegs im September 1989 in Warschau sowie das Friedenstreffen im Jahr 1992 in Brüssel zum Thema der europäischen Einigung und der Beziehung zwischen Europa und dem Süden der Welt. Ein besonderes Treffen fand 1995 in Jerusalem statt; es stand unter dem Motto „Gemeinsam in Jerusalem: Juden, Christen und Moslems". Zehn Jahre nach den Terroranschlägen von New York stand das Gedenken daran im Mittelpunkt des Friedenstreffens vom 11. bis 13. September 2011 in München. Im September 2012 kamen auf Einladung der Gemeinschaft Sant'Egidio in Sarajevo erstmals seit Ende der Jugoslawienkriege Muslime, Juden sowie katholische und orthodoxe Christen zusammen.

Die Botschaft hör ich wohl, allein mir fehlt der Glaube, könnte man angesichts der vielen Initiativen resümieren. Denn die Ergebnisse kommen meist über wohlmeinende unverbindliche Absichtserklärungen nicht hinaus. Das gilt auch für die dreitägige Dialogveranstaltung, zu der die „Muslimische Welt-Liga" im Auftrag des saudischen Königs Abdullah im Mai 2009 nach Madrid eingeladen hat. Über 200 Teilnehmer aus aller Welt, unter ihnen Muslime, Christen, Juden, Buddhisten und Vertreter anderer Religionsgemeinschaften, forderten zum Abschluss vereinte internationale Bemühungen gegen den Terrorismus und sie erteilten Theorien vom „Kampf der Kulturen" eine Absage. Stattdessen wolle man die menschlichen Werte fördern und sich für ihre Verbreitung in den verschiedenen Gesellschaften einsetzen.

Dass die Initiative aus dem konservativen Saudi-Arabien kam, löste in manchen Kreisen ungläubiges Staunen bis unverhaltene Kritik aus. Das traf auch auf die Eröffnung des „King Abdullah Bin Abdulaziz International Centre for Interreligious and Intercultural Dialogue" am 26. November 2012 in Wien zu. UNO-Generalsekretär Ban Ki Moon Ban führte die Liste der Ehrengäste an. Dazu kamen Religionsvertreter aus aller Welt, darunter der ökumenische Patriarch von Konstantinopel, Bartholomaios, der Präsident des Päpstlichen Rates für den Interreligiösen Dialog, Kardinal Jean-Luis Tauran, und der Bischof von Madrid, Antonio Maria Rouco Varela. Das Zentrum basiert auf einem völkerrechtlichen Abkommen zwischen Spanien, Österreich und Saudi-Arabien. Die Finanzierung trägt das saudische Königreich. Im Leitungsrat sind alle fünf Weltreligionen vertreten. Der Vatikan hat Beobachterstatus. Kritiker befürchten einen zu dominanten Einfluss von Saudi-Arabien. Kardinal Tauran äußerte „die Hoffnung", dass an diesem Zentrum auch Verletzungen der Religionsfreiheit angesprochen würden.

In Saudi-Arabien ist der Islam in seiner strengen wahhabitischen Form Staatsreligion. Der stellvertretende Minister für Kultur und Information, Saleh Al Namlah, sieht die interreligiösen Initiativen seines Landes dazu nicht im Widerspruch: „Religion muss nicht trennen, sie kann auch verbinden. Alltagsthemen wie Gerechtigkeit oder Gentechnologie finden sich im religiösen Dialog wieder. Wir sollten nirgendwo die Arena den Extremisten überlassen. Wir wollen, dass sie zur Randerscheinung werden. In der Religion und in der Philosophie gibt es gemeinsame Werte, eine gemeinsame Grundlage – für den Menschen allgemein, für Besitz, für Frauen, Männer oder die Familie. Wir brauchen das. Und wir glauben: Wenn es Frieden zwischen den Religionen geben soll, dann muss ein Dialog aufgenommen werden, um diesen Frieden herzustellen." (quantara.de – Dialog mit der islamischen Welt)

Immerhin war der Ort der Begegnung historisch. Denn Spanien, konkret Al-Andalus, ist bis heute der Inbegriff einer Kultur, in der Muslime und Christen über weite Strecken gut miteinander ausgekommen sind. Die Voraussetzungen für diese Koexistenz und die gegenseitige Durchdringung von Architektur, Schrifttum und Religion waren damals nicht besser als heute. Denn die maurische Epoche in Spanien war das Ergebnis eines militärisch expansiven Islam, der sich in einem Eroberungsfeldzug vom Norden Afrikas her auf der Iberischen Halbinsel ausgebreitet hatte.

Im 20. Jahrhundert hat es keinen vergleichbaren generalstabsmäßigen Plan muslimischer Heerführer zur Eroberung des Westens gegeben. Es war dieser Westen selbst, der die Menschen aus muslimischen Ländern als Gastarbeiter gerufen hat. Gar nicht im Sinne der Erfinder sind diese „nach Gebrauch" nicht heimgegangen, sondern hier geblieben. Und es werden noch mehr werden. Nicht aus einer weltpolitischen Eroberungsstrategie muslimischer Mächte heraus, sondern aus wirtschaftlichen Gründen in Europa und wegen der politischen Umwälzungen im arabisch-nordafrikanischen Raum. Deutschland, Österreich und andere europäische Länder brauchen Arbeitskräfte. Dieser Bedarf korrespondiert mit einem Überschuss an jungen, arbeitswilligen Auswanderern südlich des Mittelmeeres. Beide Entwicklungen sind die zwei Seiten einer einzigen Medaille: Die Präsenz des Islam in Europa wächst weiter.

Drehscheibe ist das „mare nostrum", wie die Römer das Mittelmeer nannten, über das die muslimischen Heere vor 1300 Jahren nach Westeuropa vorgedrungen sind. Im 21. Jahrhundert kann dieses Meer ein neues Gesicht bekommen: Es kann von der Außengrenze der EU, an der Flüchtlinge abgeblockt werden, zur gemeinsamen Plattform Europas mit jungen nordafrikanischen Demokratien werden – wie immer diese konkret ausschauen werden. Denn Flüsse und Meere verbinden, während Wüsten trennen: Die Sahara ist die Grenze nach Süden, nicht das Mittelmeer.

Der in Europa bekannteste marokkanische Schriftsteller, Tahar Ben Jelloun, hat sich schon im Jahr 2005 – lang vor der arabischen Revolution – für den Beitritt der Maghreb-Staaten zur Europäischen Union ausgesprochen. Historisch betrachtet hätten Tunesien, Marokko und Algerien schon immer am Wohl und Wehe Europas teilgehabt, schrieb Ben Jelloun in der „Zeit". Vor allem mit Frankreich, Spanien und Italien seien diese Länder durch eine lange Geschichte verbunden. „Heute drückt sich diese Bindung in kultureller und wirtschaftlicher Zusammenarbeit aus. In Marokko spricht man Französisch und Spanisch, man liest die europäische Presse, schaut europäisches Fernsehen, träumt von Europa, kämpft um Schengenvisa, kultiviert die Zugehörigkeit zum Mittelmeerraum und vor allem: Man zählt auf die Festigung der Modernität, um der islamistischen Welle zu entgehen. In Algerien wie in Tunesien ist Zweisprachigkeit die Regel." Falls es zu einer

Aufnahme der Türkei in die EU komme, schrieb Ben Jelloun, sehe sich der Maghreb als nächste Etappe. „Die arabischen Länder haben es nicht geschafft, eine starke Einheit zu bilden. Europa kann dieses Scheitern nutzen, um diejenigen arabischen Länder zu integrieren, mit denen es eine gemeinsame Vergangenheit verbindet. Ein Maghrebiner empfindet mehr Gemeinsamkeiten mit einem Franzosen oder Italiener als mit einem Bewohner der Golfstaaten."

Auf dem Weg zu einem europäisierten Islam

Auf die Anpassungsfähigkeit des Islam, der sich damit auch an europäische Rahmenbedingungen adaptieren könnte, verweist Bassam Tibi. 1944 in Damaskus geboren und seit 1976 deutscher Staatsbürger, lehrte der Mitbegründer der Arabischen Organisation für Menschenrechte bis 2009 Internationale Beziehungen in Göttingen. 1992 hat Bassam Tibi als Reform-Muslim in Paris sein Konzept vom Euro-Islam vorgestellt, den er als eine euro-islamische Brücke versteht. Er sieht die Migration der Muslime nach Europa (1950 nur 800.000 Muslime in Westeuropa, heute 20 Millionen) als aktuellen zeitgeschichtlichen Ausdruck der klassischen Auseinandersetzung zwischen Islam und Europa.

Ohne die Herausforderung des Islam hätte es das christliche Abendland Karls des Großen nicht gegeben, sagt Bassam Tibi. Beide Größen, Europa als Abendland und der Islam als Zivilisation, seien historisch gemeinsam entstanden und stünden einander seither in einem Verhältnis der jahrhundertelangen gegenseitigen Bedrohung und Faszination gegenüber. „Beide haben einander bedroht, sei es durch Djihad-Eroberung, Kreuzzüge oder Kolonisation, beide haben einander aber zugleich auch kulturübergreifend befruchtet, zivilisatorische Anleihen gemacht, sei es durch die Übernahme des Hellenismus im mittelalterlichen Islam, sei es durch den Einfluss des islamischen Rationalismus auf die europäische Renaissance."

Das Konzept des Euro-Islam beruht auf Beobachtungen, die Bassam Tibi in den 1980er Jahren in Westafrika gemacht hat. Dort stellte er eine „Afrikanisierung des Islam" fest, das heißt, dass der Islam in Westafrika trotz seiner arabischen Herkunft keine fremde Religion sei. Analog könnte eine Europäisierung des Islam in Europa angestrebt werden, ein Heimischwerden des Islam. Bislang sei allerdings im Vergleich zu Afrika der Islam, den Migrantinnen und Migranten in Europa lebten, der europäischen Kultur und Gesellschaft äußerst fremd geblieben. Im Unterschied zur Afrikanisierung des Islam in Afrika habe eine Europäisierung in Europa nicht stattgefunden. „Ein Euro-Islam ist ohne eine kulturelle Anpassung, die religiöse Reformen erfordert, wohl nicht möglich."

Europa hat auf der Basis seiner kulturellen Moderne die Aufklärung als „Entzauberung der Welt" und in diesem Rahmen einen Werte-Universalismus hervorgebracht. Dieser sei weder ethnisch noch religiös, sondern inklusiv, betont Bassam Tibi. „Diese Inklusivität ist die europäische Leistung im Kontext der Migration. Trotz vieler anderslautender Behauptungen ist die Europa-Idee nicht christlich, sie ist säkular und hat im Hellenismus ihre Quellen. Derselbe Hellenismus gehörte auf dem Höhepunkt der islamischen Zivilisation zu den Quellen des mittelalterlichen islamischen Rationalismus. Somit liegt eine Brücke vor … Die Leistung der Migranten könnte in dem Versuch bestehen, ihre Identität mit Europa und dem dazugehörigen kulturellen System in Einklang zu bringen. Der Euro-Islam ist eine Vision, die beansprucht, diese Leistung zu erbringen … Ein Muslim kann Europäer werden, ohne Christ zu sein und ohne eine ethnische Verwurzelung zu haben. Voraussetzung hierfür ist alleine, die europäischen Werte, die im Kontext von Renaissance, Reformation, Aufklärung und Französischer Revolution als Werteorientierung entstanden sind, zu übernehmen; dabei kann man Muslim bleiben."

Seine Bilanz nach knapp zwei Jahrzehnten ist allerdings teilweise ernüchternd. In einem Interview mit der „Kleinen Zeitung" sagte Bassam Tibi am 13. Mai 2011: „Ich bin keine Ein-Mann-Sekte, aber ich muss offen sagen, dass Islamisten in Europa, auch hier bei Ihnen in Österreich, stärker sind als wir. Die haben mehr Geld, mehr Mittel." Die Islamisten hätten mehrfach eine Kriegserklärung an Europa ausgesprochen: den Mord an dem Filmemacher van Gogh, die Terroranschläge von Madrid und London, die islamische Intifada von Paris und schließlich den Karikaturenstreit. Allerdings müssten Islam und Islamismus voneinander unterschieden werden. „Der Islam ist eine Religion und ein kulturelles System, dagegen ist der Islamismus eine totalitäre Ideologie."

Für die deutsche Islamwissenschafterin Lamya Kaddor geht das Konzept eines Euro-Islam ohnehin zu weit. „Es geht um die Vorstellung, dass Muslime, wenn sie in ein nicht-muslimisch geprägtes Land einwandern, dort nicht mehr nach ihren bekannten religiösen Vorstellungen oder nach ihrem bisherigen Verständnis der Scharia, dem islamischen Gesetz, leben könnten. Demzufolge müssten sie eine, dem neuen Umfeld angepasste Haltung herausbilden. Bassam Tibi wurde von vielen Muslimen, aber auch Wissenschaftlern in Deutschland heftig kritisiert. Ihm wurde ein illegitimer Umgang mit der Religion vorgehalten und letztlich, der Assimilation von Einwanderern das Wort zu reden. Diese Kritik ist in Teilen berechtigt", sagte Kaddor in einem Interview, das die „Deutsch-Türkischen Nachrichten" am 11. September 2011 veröffentlicht haben.

„Die Religion bleibt natürlich die gleiche", meinte die Islamwissenschafterin. Man dürfe sich keine neue Religion, keinen neuen europäisierten Islam schaffen. Aber das sei auch gar nicht nötig. Man müsse lediglich die vorhandene Religion in die Moderne holen und dann lasse sich der Islam überall leben. „Diese theologische Aufgabe ist vor allem in den vergangenen 200 Jahren versäumt worden. Und – das ist wichtig – wir dürfen an diese Sachen nicht mit der christlichen Vorstellung von Theologie herangehen. Theologie im Islam und im Christentum ist etwas anderes. Diese islam-theologischen Aufgaben beziehen sich nicht etwa auf Beten, Fasten oder Almosengeben, sondern sie beziehen sich vor allem auf die religiösen Regelungen für den Umgang der Menschen miteinander."

Ein konkreter Versuch, einen „europäischen" Islam zu leben, begegnet in der muslimischen Gemeinde in Penzberg nahe Bad Tölz in Bayern. „Wir sind fünf Angestellte, der Imam und vier Frauen", erzählt Gönül Yerli, die Vizedirektorin des Islamischen Forums, das jedes Wochenende mit Besuchern ausgebucht ist. In seinem Buch mit dem provokanten Titel „Grüß Gott, Herr Imam!" schildert Imam Benjamin Idriz seine Vision eines Euro-Islam. Ein „Gottesstaat", wie ihn die Fundamentalisten predigten, sei mit dem Islam unvereinbar, auch wenn noch so oft das Gegenteil behauptet werde, sagt Idriz. „Alles, was der Islam fordert, ist mit dem Grundgesetz der Bundesrepublik Deutschland vereinbar." Alois Glück, Präsident des Zentralkomitees der deutschen Katholiken, nannte Idriz bei einer Buchpräsentation Ende 2010 „eine Symbolfigur für die geglückte Integration einer muslimischen Gemeinschaft in ein ausgeprägt selbstbewusst-traditionelles Milieu".

1994 hatten Flüchtlinge aus Bosnien-Herzegowina das muslimische Forum Penzberg gegründet. Gönül Yerli betont, „dass wir bis heute ein unabhängiger Verein sind, der keinem muslimischen Dachverband in Deutschland angehört". Zur Islamischen Gemeinschaft Milli Görüs oder der Türkisch-Islamischen Union (Ditib) wird bewusst Distanz gehalten. Denn die 800 Gemeindemitglieder, die im Umkreis von 50 Kilometern leben und arbeiten, kommen aus elf Nationen, von Bosnien und Albanien über die Türkei und Arabien bis nach Indonesien. „Unsere gemeinsame Sprache ist deutsch", betont Gönül Yerli, allerdings halte der Imam bis auf weiteres seine Predigt abwechselnd in mehreren Sprachen.

Die Architektur der Moschee ist zurückhaltend. „Nicht hurra, ich bin hier die Moschee!", wie Gönül Yerli sagt. Es gibt keine Kuppel, sondern ein Flachdach mit einer Fotovoltaikanlage. Das Minarett wirkt durch seine kalligrafische Gestaltung zierlich und transparent. Bautechnisch ist es nur die Umhüllung des Kamins. Für einen Muezzin oder einen Lautsprecher gibt es keinen Platz. Ein Verzicht, mit dem die Gemeinde leben kann, denn es leben kaum Muslime in unmittelbarer Nähe der Moschee. Am Abend sind die Schatten der Betenden hinter der bläulich schimmernden Glasfront zu sehen – auch das ein Signal „Wir haben nichts zu verbergen". Die Trennung von Männern und Frauen – die einen im Erdgeschoß, die anderen auf dem weit in den Raum hineingezogenen Balkon – ist traditionell. Auf seiner Gebetskanzel ist der Imam genauso erhöht, dass er für die Frauen oben und für die Männer unten gleichermaßen sichtbar ist. Vor dem Imam sind – wie vor Allah – Frauen und Männer gleich.

XII. Kapitel
Gemeinsame Suche nach dem heißen Kern

Das Projekt Weltethos

Sich selbst zurücknehmen, den eigenen Anspruch nicht absolut setzen und die eigene Botschaft in der Verhältnismäßigkeit zur Verkündigung anderer Religionen sehen – das ist die Herausforderung, der sich die großen Weltreligionen im 21. Jahrhundert stellen müssen. Das entspricht ihrem eigenen Interesse, weil sie sich zunehmend einer gleichermaßen säkularisierten Welt gegenübersehen. Und es entspricht dem gesellschaftlichen und internationalen Interesse, dass die Religionen politische Konflikte nicht anheizen, sondern nach Möglichkeit zu ihrer Entschärfung beitragen.

„Kein Frieden unter den Nationen ohne Frieden unter den Religionen, kein Frieden unter den Religionen ohne einen Dialog der Religionen."Auf diesen Punkt hat der Tübinger Religionswissenschafter Hans Küng diese Herausforderung des 21. Jahrhunderts gebracht. Sein „Projekt Weltethos" hat dafür Grundlagen geschaffen und Prinzipien formuliert. Diese hätten sich im Laufe von zwei Jahrzehnten weithin durchgesetzt, sagte Küng im Juni 2011 in einem Gespräch mit den „Salzburger Nachrichten" über „20 Jahre Weltethos".

Eine weitere Einsicht ist, dass die Weltreligionen sich in den ethischen Standards verständigen können. Dabei sieht Küng zwei Grundprinzipien: Die Goldene Regel, die zwar unterschiedlich formuliert werde, aber im Wesentlichen immer auf denselben inhaltlichen Kern hinauslaufe, und das Humanitätsprinzip, dass kein Mensch inhuman oder gar bestialisch behandelt werden dürfe. Darüber hinaus gebe es in allen religiösen und philosophischen Traditionen vier Imperative der Menschlichkeit: für Gewaltfreiheit – nicht morden; für Gerechtigkeit – nicht stehlen; für Wahrhaftigkeit – nicht lügen; für Partnerschaft – nicht die Sexualität missbrauchen.

Die Goldene Regel findet sich in einzelnen Religionen in folgenden Formulierungen:

Hinduismus: Man sollte sich anderen gegenüber nicht in einer Weise benehmen, die für einen selbst unangenehm ist; das ist das Wesen der Moral. (Mahabarata XIII.114.8)

Jainismus: Gleichgültig gegenüber weltlichen Dingen sollte der Mensch wandeln und alle Geschöpfe in der Welt behandeln, wie er selbst behandelt sein möchte (Sutrakritanga I.11.33).

Chinesische Religion: Was du selbst nicht wünschest, das tue auch nicht anderen Menschen an (Konfuzius, Gespräche 15,23).

Buddhismus: Ein Zustand, der nicht angenehm oder erfreulich für mich ist, soll es auch nicht für ihn sein. Ein Zustand, der nicht angenehm oder erfreulich für mich ist, wie kann ich ihn einem anderen zumuten? (SamyuttaNikaya V, 353.35-354.2).

Judentum: Tue nicht anderen, was du nicht willst, dass sie dir tun (Rabbi Hillel, Sabbat 31a).

Christentum: Alles, was ihr wollt, dass euch die Menschen tun, das tut auch ihnen ebenso (Matthäus 7,12; Lukas 6,31).

Islam: Keiner von euch ist ein Gläubiger, solange er nicht seinem Bruder wünscht, was er sich selber wünscht (40 Hadithe/Sprüche Muhammads von an-Nawawi 13).

Diese Grundprinzipien finden sich teils schon in den Naturreligionen. Sie stimmen über alle kulturellen und gesellschaftlichen Grenzen hinweg weitgehend überein. Das basiert nach Ansicht von Hans Küng auf einer jahrtausendelangen Erfahrung. Diese habe sich im Buddhismus ebenso niedergeschlagen wie in der chinesischen Tradition, in der hebräischen Bibel ebenso wie im Neuen Testament oder im Koran. „Der Mensch musste, als er aus dem Tierreich emporstieg, zum Beispiel lernen, dass er andere Menschen nicht so abschlachten kann wie Tiere. Das Tötungsverbot war eines der ersten ethischen Gebote, die sich durchgesetzt haben."

In dieses Bild passt die Antwort von 138 muslimischen Theologen „Ein gemeinsames Wort zwischen uns und euch" vom 13. Oktober 2007 auf die umstrittene Papstrede in Regensburg. Ein Jahr nach der ersten Stellungnahme zur Papstrede, die 38 muslimische Gelehrte abgegeben hatten, wandten sich die Verfasser dieses „gemeinsamen Wortes" in der Zeitschrift Islamica mit einem Aufruf zu Frieden und Zusammenarbeit an Benedikt XVI.: „Muslime und Christen gemeinsam stellen mehr als die Hälfte der Weltbevölkerung. Ohne Frieden zwischen diesen beiden religiösen Gemeinschaften kann es keinen wirklichen Frieden in der Welt geben. Die Zukunft der Welt hängt vom Frieden zwischen Muslimen und Christen ab. Die Basis für diesen Frieden und dieses gegenseitige Verständnis ist bereits gegeben. Sie ist Teil der Grundprinzipien beider Glaubensüberzeugungen: Liebe den einen Gott und liebe deinen Nächsten."

Der Weg der Mystiker

Weitgehend offen ist die Frage, wie dieser gemeinsame Kern aus den unterschiedlichen Ausformulierungen herausgeschält werden kann. Ein Weg ist der Weg der Mystiker. Im christlichen Bereich ist dazu an vorderster Stelle der Benediktiner David Steindl-Rast zu nennen. Der 1926 in Wien geborene Mönch, Eremit, Spiritualitätslehrer und weltweite Vortragsreisende legte im Jahr 2010 in seinem Buch „Credo" den christlichen Glauben so dar, „dass die Glaubenssätze nicht den Dialog mit anderen Religionen behindern". Der international erfahrene und angesehene Gesprächspartner im Dialog der Religionen – vor allem von Christentum und Buddhismus – weist auf die nötige Unterscheidung zwischen dem Glauben und den Glaubenssätzen hin. „Der Glaube ist einer, er ist allen Menschen gemein. Dagegen sind die Glaubenssätze sehr verschieden und widersprechen einander oft an der Oberfläche. Wir müssen durch die Glaubenssätze hindurchgehen, sie als Ausdruck des einen, verbindenden Glaubens verstehen."

Steindl-Rast knüpft bei der evangelischen Theologin Dorothee Sölle (1929–2003) an, die das Wort „Gott" durch das Wort „mehr" ersetzt hat. Ihre Formel war: Gott ist mehr als alles. Steindl-Rast führt diesen Gedanken fort und meint, jeder Mensch könne dieses „mehr" in bestimmten Bereichen seines Lebens entdecken. Nicht als mehr von demselben, sondern als mehr im Sinne neuer vielfältiger Dimensionen des Lebens, als das Unerschöpfliche, das auf das Göttliche hinweise. Um einen Menschen auf diesen Weg zu führen, würde der Benediktiner ihn fragen: Was ergreift dich in deinem Innersten? Was rührt dich an und berührt dich zutiefst? Auf diese Frage würde ein Mensch antworten, mich ergreift die Musik, ein anderer würde sagen, mich ergreift die Poesie, ein dritter würde die Natur nennen, ein vierter seine Kinder. „Und dann würde ich sagen", so Steindl-Rast, „das ist dein Kontakt zum Göttlichen. Was dich ergreift, das weist auf eine Richtung hin, die ich Gott nenne." Diese Erfahrung des Ergriffenseins ist nach Ansicht von Steindl-Rast jedem Menschen geschenkt, das hat jeder erlebt. „Genau das ist der Beginn der Mystik."

Mystiker nennen diese Erfahrungen „Gipfelerlebnisse". Die seien aber auch im Alltag da, sagt Steindl-Rast. „Jeder Mensch ist ein eigener Mystiker. Der Unterschied ist, dass Mystiker ihr ganzes Leben von diesen Erfahrungen her gestalten, während der Mensch im Allgemeinen diese Gipfelerlebnisse wieder vergisst oder sich sogar davor fürchtet. Denn wer ergriffen ist, hat sich nicht mehr unter Kontrolle." Die Brücke zwischen dieser Erfahrung und dem Alltag ist nach Ansicht des Benediktiners die Dankbarkeit. „Diese Dankbarkeit lässt sich als spirituelle Praxis völlig mit dem Alltag verbinden. Man muss sie aber üben, etwa indem ich mich immer, wenn ich etwas Neues beginne, daran erinnere, was mir hier geschieht: Ich brauche nur den Hahn aufzudrehen, und es kommt Wasser heraus – Millionen Menschen haben kein Trinkwasser. Oder ich sitze bei Tisch, habe mein Essen vor mir – und halte einen Augenblick inne und denke in Dankbarkeit daran, wie viele Menschen gearbeitet haben, damit ich diese Mahlzeit zu mir nehmen kann."

Diese Dankbarkeit lasse sich durch Übung erlernen und alltäglich praktizieren, meint Bruder David. „Wir werden durch sie aufmerksam, wir werden lebendig, wir gehen nicht mehr im Halbschlaf durch das Leben und lernen, dass Gott nicht über den Wolken thront, sondern dass Gott in allem ist und alles in Gott ist. Dadurch wird Beziehung möglich." Das gelte für alle Menschen, nur habe jede Tradition ihren eigenen Namen dafür. Christen sagen, jeder ist ein Christus, die Buddhisten nennen es Buddha-Natur, im Hinduismus heißt es Atman. „Es ist derselbe verbindende Glaube, der sich nur unterschiedlich ausdrückt."

Dass die Religionen gar nicht anders könnten, als im Dialog diese Annäherung zu finden, ist für Steindl-Rast keine Frage des Wollens, sondern durch eine „dringende Notwendigkeit" begründet: „Wir müssen als menschliche Gesellschaft auf eine neue Bewusstseinsstufe aufsteigen. Wir sind jetzt bestenfalls in einem pluralistischen Bewusstsein. Wir müssen zu einem integralen Bewusstsein vorstoßen, zu einem uns alle verbindenden Bewusstsein, das auch die Tiere und die Natur einschließt."

Der Nächste lebt nicht mehr im nächsten Dorf oder in der nächsten Stadt, sondern die Globalisierung hat die ganze Welt zu einem Dorf gemacht. Der Crash der Lehman-Bank in den USA hat weltweit das ganze Finanz- und Wirtschaftssystem an den Rand des Abgrunds gebracht, der Atomunfall in Fukushima hat in Deutschland eine energiepolitische Wende ausgelöst, um die jahrzehntelang erfolglos gestritten worden war. Wenn die Nachfrage in China kurzzeitig einbricht, müssen Arbeiterinnen und Arbeiter der europäischen Autohersteller um ihren Job bangen.

Entsprechend „entgrenzt" sind die Religionen. „Cuius regio, eius religio", diese territoriale Aufteilung war das Modell des 16. Jahrhunderts, um die Religionen zu befrieden. Im 21. Jahrhundert funktioniert das nicht mehr. Die Regel ist eine immer stärkere kulturelle und religiöse Durchmischung und die Präsenz „anderer" Religionen in Regionen der Welt, die einmal religiös homogen gewesen sind – seien es die vormals christentümlichen Gesellschaften Europas, die sich durch Millionen eingewanderte oder in zweiter und dritter Generation schon hier geborene Muslime bedroht fühlen, oder seien es die arabischen Kerngebiete des Islam, die sich zunehmend durch die „Infiltration" mit westlichem Gedankengut in Frage gestellt und gefährdet sehen.

Noch ist dieser Weg der Mystik, der zum gemeinsamen „heißen Kern" führen kann, an den Rändern der Religionen angesiedelt. Das ist im Islam nicht anders als im Christentum. Der Ausdruck Mystik kommt im „Katechismus der Katholischen Kirche" von 1997 nicht vor. Das bekannte Wort des Theologen Karl Rahner (1904–1984), der Christ der Zukunft werde ein Mystiker sein oder er werde nicht mehr sein, passt nicht in ein dogmatisches Lehrgebäude. Hier werden Sätze niedergeschrieben, Formeln ersonnen und Dogmen verkündet. Die Mystik sucht dagegen jenseits dieser sprachlich begrenzten Ausdrucksweise nach Erfahrungen von Ganzheit und Sinn, nach einem unmittelbaren Bewusstsein der Gegenwart Gottes und nach dem Gefühl einer universalen Verbundenheit.

„Mystik als Intensivform von Religion hat immer zu tun mit der radikalen Frage nach dem wahren, dem glückenden Leben", sagt Gotthard Fuchs in einem Beitrag über Kulturen der Mystik in „Christ in der Gegenwart" (Jänner 2012). „Mystik, so könnte man sagen, meint einen Lebensstil im Windschatten der je größeren Sehnsucht des All-Eins, eingebettet in die Alltäglichkeit treuer Übung und schließlich in das Wunder göttlicher Fülle", schreibt der Philosoph, Theologe und Pädagoge, 1983 bis 1997 Direktor der Katholischen Akademie Rabanus-Maurus der Diözesen Fulda, Limburg und Mainz.

Drei Gemeinsamkeiten sieht Fuchs bei den Mystikerinnen und Mystikern unterschiedlicher Traditionen:

- den Weg, der vom Vielerlei zur Einheit und von der Oberfläche zur Höhe oder Tiefe führt,
- das Übungswissen, also die Methoden und Techniken, um den mystischen Weg zu bewältigen, und
- die Gefährtenschaft, die Initiation und Bestärkung von Schülerinnen und Schülern durch einen Meister.

Damit ist auch schon festgehalten, dass – unabhängig vom gemeinsamen Ziel – die Wege verschieden sind und bleiben. Jede Ausprägung der Mystik steht in ihrem je eigenen religiösen, kulturellen und geschichtlichen Zusammenhang. Aber die Grenzen sind – im Unterschied zu den Lehrsätzen und Dogmen – offen und fließend. Daher können vor allem religiöse Grenzgänger in der Mystik neue Zugänge finden. Bei einer Großveranstaltung des Dalai Lama im Mai 2012 in Salzburg brachte eine katholische Seelsorgerin das klassisch zum Ausdruck: „Ich habe mehr als 30 Jahre lang Zen-Meditation mit christlicher Prägung gemacht. Das passt wunderbar zusammen. Es widerspricht sich überhaupt nicht. Mir gefällt daran die Übung der Achtsamkeit, der Versuch, in der Gegenwart zu leben. Nicht nur auf Individualismus abzufahren, sondern sich selbst als Teil des Ganzen zu verstehen, das Ganze in den Blick zu bekommen. Und das Bestreben, Leid aufzulösen und Frieden in die Welt zu bringen."

Seitdem die traditionellen Kirchen in Europa ihre spirituelle Prägekraft verloren haben, wird mehr und mehr jenseits von Institutionen und Traditionen nach dem Unbedingten gesucht. „Mystik ist ein panreligiöses Codewort menschheitlicher Sehnsucht über die einzelnen Sprachen und Kulturen hinweg geworden", sagt Gotthard Fuchs. Er warnt jedoch vor dem Kurzschluss, nach „der" Mystik in den Religionen und Kulturen zu fahnden. „Von Mystik zeitenthoben und allgemein zu sprechen, ist relativ unverfänglich und auf den ersten Blick schnell konsensfähig. Doch für den interkulturellen und interspirituellen Dialog ist es wichtig, zunächst einmal die je eigene Glaubensposition und Mystikgestalt zu unterstreichen. Erst so wird ein Austausch wirklich fruchtbar."

Es wäre demnach illusorisch und würde jeder soziologischen Erkenntnis widersprechen, das Ziel des Religionsdialogs in der Selbstaufgabe des je Eigenen zu sehen. Die entscheidende Frage ist immer, wie man dieses Eigene vertritt, ob man es mit dem autoritären Gestus tut, einzig und allein die Wahrheit gepachtet zu haben, oder ob man es zuhörend tut, abwägend und selbstkritisch. Ein Leitwort Buddhas kann dabei Pate stehen: „Akzeptiert nicht meine Lehren, weil ihr daran glaubt, sondern überprüft sie und gelangt dadurch zu einer Erkenntnis." Man könnte im Sinne des Dialogs der Religionen ergänzen: Wenn es sein muss, könnt ihr diese Erkenntnis auch auf dem Umweg über andere Religionen finden, die als ausgleichendes Korrektiv wirken können.

An den Früchten werdet ihr sie erkennen

Der deutsche katholische Theologe Johann Baptist Metz hat nie mit Selbstkritik gegenüber der eigenen Religion, dem Christentum, und seiner Konfession gespart. Dennoch ist für ihn – ohne falsche Bescheidenheit, aber auch ohne Besserwisserei – evident, dass die Bibel im Konzert der Weltreligionen etwas Wesentliches und Einzigartiges zu sagen habe. Die biblische „Mystik der offenen Augen" unterscheide sich deutlich von der eher nach innen gekehrten Mystik der asiatischen Religionen. Auf eine Kurzformel gebracht: Buddha meditiert, Jesus schreit.

Der international renommierte Vertreter einer politischen Theologie, der von 1963 bis 1993 an der Universität Münster gelehrt hat, sieht daher die künftige Herausforderung des Christentums nicht an der Bruchlinie mit dem Islam, auch wenn das vordergründig auf Grund der aktuellen internationalen und gesellschaftspolitischen Auseinandersetzungen so erscheinen möge. Vielmehr gehe es um die Begegnung mit einer fernöstlichen Spiritualität, „in der sich das Ich in die Harmonie eines subjektfreien Universums auflöst". Im Unterschied zu einer solchen „geschichtslosen Alleinheit" sei die zentrale Botschaft des Christentums der Aufschrei gegen das Leid, der in dem Schrei Jesu am Kreuz kulminierte: „Mein Gott, mein Gott, warum hast du mich verlassen."

Die Welt als Passionsgeschichte der Menschen zu lesen ist für Metz der Kern des Christentums, seine antiautoritäre, gewaltfreie und universale Botschaft. Entgegen der wörtlichen Bedeutung von Mystik – „die Augen schließen, ins Innere gehen" – tritt Metz für eine Mystik der Gottesgerechtigkeit ein. Ein Mystiker ist in diesem Verständnis nicht nach innen gekehrt, nicht einer, der die Augen schließt und wegschaut. Vielmehr sei der in der Bibel beheimatete Mystiker einer, der hinschaut und benennt, was ist. Denn: „Niemand glaubt für sich allein."

Umgekehrt hat den Christen „das Schweigen Buddhas" etwas zu sagen, vor allem wenn es darum geht, von den Formeln und Glaubenssätzen durchzudringen zum gemeinsam Glauben, der alle verbindet. „Im Buddhismus ist das Schweigen so wichtig wie bei uns Christen das Wort. Dieses Schweigen, diese Stille verbindet uns", sagt der Benediktiner Steindl-Rast. „Die monotheistischen Religionen legen dagegen eine große Betonung auf das Wort. Und das Wort entzweit uns. Etwas ausdrücken zu können, ist durchaus eine Stärke. Aber es ist eine große Schwäche, wenn es um den Dialog mit anderen geht." Offenbar ist deshalb die Brücke zwischen Christen und Buddhisten leichter zu bauen als die zwischen Christen und Muslimen: Wort und Schweigen können einander ergänzen, Jesus und Buddha können komplementär gesehen werden, als zwei Seiten der einen Medaille Religion. Dagegen wird es dort schwierig, wo wie im Dialog von Christen und Muslimen Wort auf Wort prallt, wo die Suren des Korans und die Verse der Bibel im Widerspruch zueinander stehen.

Bei einer Tagung der Katholischen Akademie in Bayern und der Evangelischen Akademie Tutzing in München nannte der Wiener Religionswissenschafter Johann Figl fünf Gründe für die „Faszination Buddhismus“:

1. Die Freiheit der religiösen Entscheidung im Gegensatz zu einem autoritativ erlebten Christentum. Die Frage, wie jemand Buddhist wird, hat ein buddhistischer Katechismus von 1888 so beantwortet: durch freie Entschließung.
2. Die Betonung der Gewaltfreiheit „im Geiste reinster Duldung“. Niemals sei für die Ausbreitung des Buddhismus Blut geflossen.
3. Die Rationalität und Autonomie, die den Buddhismus als Religion der Vernunft gegenüber einem dogmatischen Christentum positionierte. Das Heil werde nicht von göttlicher Gnade erwartet, sondern Buddha, der Erwachte, hat Weisheit und Vollkommenheit durch seine eigene Macht erreicht.
4. Die Spiritualität als innere Ruhe und Antwort auf Sinnfragen.
5. Das therapeutische Angebot als Alternative zu dem einseitigen Rationalismus und der materialistischen Mentalität des Westens.

Die freie Entschließung wird wohl ein „sine qua non“, eine grundlegende Voraussetzung künftiger religiöser Sozialisation sein. Damit kann durchaus die Überzeugung verbunden sein, dass mein Weg auch für andere der richtige sein kann. Notker Wolf, langjähriger Abtprimas der Benediktiner, formuliert das so: „Meine Grundüberzeugung ist, dass Jesus für alle Menschen das Heil ist.

Meine Aufgabe ist es daher, Christus zu verkünden. Das heißt aber nicht, dass ich die anderen abwerte. Die anderen Religionen sind auch ein Geschenk Gottes, damit auch diese Menschen eine humane Gesellschaft aufbauen können." Das Zweite Vatikanische Konzil habe ausdrücklich festgestellt, dass es auch in anderen Religionen Heilswege gebe. „Die sind sicher von Gott mitgeschaffen, damit auch Menschen, die Jesus nicht kennen, einen Weg zu Gott und einen guten Weg für ihr Leben finden. Die Frage ist letztlich an alle Religionen: Wie verhalten sich die Menschen aus ihrem Glauben heraus? Anders gesagt: An den Früchten werdet ihr sie erkennen."

Umstritten ist die Mission in „Hoheitsgebieten" der jeweils anderen. So hat das Oberhaupt des tibetischen Buddhismus, der 14. Dalai Lama, anlässlich seines Besuches vom 19. bis 29. Juli 2007 in Deutschland die christliche Missionsarbeit in Asien kritisiert. In einem ARD-Interview bezeichnete es Tenzin Gyatso als schwierig, Menschen von ihrem kulturellen Erbe zu trennen. Es sei besser und sicherer, wenn sie bei ihren eigenen Traditionen blieben. Das gelte sowohl für Deutsche mit ihrem jüdisch-christlichen Hintergrund als auch für Menschen in Asien. Er habe in der Mongolei christliche Missionare darauf hingewiesen, dass dies ein buddhistisches Land sei „und kein Ort für Bekehrungen".

Hoffnung für den Dialog der Weltreligionen gibt das Eigeninteresse dieser selbst. Nicht umsonst hat Aref Nayed in seiner Antwort auf die Regensburger Rede des Papstes die gemeinsamen Interessen der beiden Weltreligionen hervorgehoben. Der frühere Professor des „Päpstlichen Instituts für arabische und islamische Studien" in Rom stellte im Jänner 2007 in der Zeitschrift Islamica fest, die antipositivistische Kritik des westlichen Vernunftbegriffs durch den Papst „kann und muss von vielen Muslimen geschätzt werden".

„Entweder die Religionen tun sich zusammen, oder sie bleiben irrelevant", sagt der indische Jesuitenpater Francis X. D'Sa. Der Gründer des Instituts für das Studium der Religionen in Pune, Indien, vergleicht die Religion mit einem guten Witz: „Religion ist etwas Lebendiges, und das Lebendige geht über Grenzen hinaus. Wie ein guter Witz sollte die Religion nicht nur zum Lachen bringen und Lebenssinn aufleuchten lassen. Sie sollte auch weltweit verständlich sein, so wie ein guter Witz weltweit verständlich ist." Der christliche Theologe hat sich in Indien jahrzehntelang mit dem Hinduismus auseinandergesetzt und ist sich der kulturellen und sprachlichen Begrenztheit vieler Witze bewusst. „Ich kann ihnen einen indischen Witz erzählen, den sie nicht verstehen werden, weil ihnen der indische Hintergrund fehlt. Aber ebenso gibt es den universalen Witz, der auf der ganzen Welt ein herzhaftes Lachen auslöst."

Mit diesem Bild beschreibt D'Sa die beiden Seiten jeder Religion, die für einen fruchtbaren Dialog auseinandergehalten werden müssten: Die eine Seite ist die universale und allgemein gültige, das, was eine Religion über den Menschen, die Welt und „das Geheimnis dahinter" aussagt. Die andere Seite ist die gesellschaftlich, sprachlich und kulturell begrenzte, das, was in einem konkreten historischen Umfeld als konkrete Ausdrucksweise der Rede über das göttliche Geheimnis gewachsen ist. „Es ist dieselbe Religiosität, die sich auf anderen Kontinenten, in anderen Kulturen und andern Sprachen anders ausdrückt."

Francis D'Sa hat in der Ära des Zweiten Vatikanischen Konzils (1962–1965) bei Karl Rahner in Innsbruck Theologie studiert und sich seither in Indien mit interreligiöser Spiritualität und der Begegnung von Christentum und Hinduismus befasst. Sein Fazit: „Es geht im Dialog der Religionen nicht darum, die Glaubensformeln, die auf einem jeweils völlig anderen Boden gewachsen sind, auf einen gemeinsamen Nenner zu bringen. Wenn ich einem Menschen einer anderen Religion begegne, dann frage ich ihn: Was bringt Feuer in dein Herz? Woher kommt deine Begeisterung? Was treibt dich an zum Engagement für andere Menschen und die Welt?" Oder wie David Steindl-Rast fragen würde: Was ergreift dich?

Die Welt sei aufgeladen mit der Herrlichkeit Gottes, sagt D'Sa. Über diese Spuren Gottes in der Welt sollten die Religionen mit den Menschen und untereinander ins Gespräch finden. „Informationen über Glaubensformeln interessierten niemanden. Aber jeder Mensch ist auf der Suche nach Lebenssinn." Innere Freiheit und das äußere Engagement für Mensch und Natur – das seien die Früchte jeder religiösen Suche. „Überall, wo es um die Ganzheit des Menschen geht, mit dem Mitmenschen, mit dem Kosmos und mit dem Geheimnis, das uns alle trägt, da ist Religion." Die auf allen Kontinenten aktiven Umweltbewegungen seien „in ihrem Wesen eine Neuentdeckung der Sakramentalität der Welt" – und eine Tür zur Harmonie zwischen Mensch und Welt.

Dass der indische Theologe die Religionen mit einem guten Witz verglichen hat, mag für manch frommes Gemüt eine Zumutung sein. Aber genau damit hat er eine anschauliche Formel für den Dialog der Religionen gefunden: Jede Religion hat einen universalen Kern, der ohne Unterschied des Geschlechts, der Hautfarbe, der Nation oder der Sprache gültig ist. Überall, sagt der indische Jesuitenpater, wo Menschen nach Lebenssinn suchen, sind sie dem Religiösen auf der Spur. Dieses Gemeinsame ist das Fundament, auf dem die jeweils historisch gewachsenen Glaubenssätze stehen – nicht umgekehrt.

XIII. Kapitel
Die Zukunft der Religionen: nie wieder 9/11

Die genaue Definition von Religion ist bekanntlich umstritten. Wenn man den Begriff weiter fasst und nicht nur mit dem Lehrgebäude einer bestimmten Gemeinschaft identifiziert, so ist nicht damit zu rechnen, dass das Interesse an Religionen, an Versuchen, die Welt, ihren Ursprung, Sinn und Zweck zu erklären und daraus Rezepte für die eigene Lebensgestaltung zu entwickeln, dramatisch nachlassen wird. Es mag sein, dass der Blick auf Religionen noch etwas „diesseitiger" wird, dass man weniger als früher danach fragt, was sie für das Jenseits versprechen, und mehr ihr Potenzial zur praktischen Lebenshilfe in Anspruch nehmen will. Der Glaube wird vielen auch als Mittel willkommen sein, um Berge zu versetzen, um scheinbar Unmögliches zu erreichen, um in verzweifelten Situationen Trost zu finden und nicht den Mut zu verlieren.

Der religiöse Grundwasserspiegel sinkt nicht wesentlich

Religionssoziologen bestreiten nicht, dass es Säkularisierung gibt, aber sie führt offenbar nur zu einem geringen Verlust an Glaubenssubstanz. Der religiöse Grundwasserspiegel wird voraussichtlich weitgehend gleichbleiben, er zeigt allerdings Wellenbewegungen. Natürlich gehen politische Entwicklungen, von den Medien breitgetretene Erscheinungen des Zeitgeistes, soziale, ökonomische, wissenschaftliche und ökologische Vorgänge nicht spurlos an den Menschen vorüber. Aber sie führen nach den bisherigen Erkenntnissen nicht zu einem eklatanten Verlust an Religiosität, wohl aber zu einem Wandel der Einstellung zu den großen Religionsgemeinschaften. Das kann bewirken, und zum Teil ist das ja bereits im Gange, dass ihre bisherigen Strukturen, Traditionen und auch manche Inhalte in Frage gestellt und Reformprozesse angestrebt werden.

Insgesamt haben sich die großen Religionen in den zwei vergangenen Jahrhunderten erstaunlich gut entwickelt und erhalten. Wenn sie in den jüngsten Jahrzehnten Personen an Atheismus, Agnostik und kleinere Religionen verloren haben, so liegt deren Zahl weit unter dem, was sie von den Naturreligionen gewinnen konnten. Die führenden Weltreligionen haben sich über die ganze Erde verbreitet und ihre Mitgliederzahl steigt nach wie vor. Die Demographie ist auf ihrer Seite: Da religiöse Menschen im Durchschnitt mehr Kinder haben als religionsferne Personen, bleibt die Gesellschaft religiös, auch wenn ein großer Teil der jungen Generation zu Religionen desinteressiert oder ablehnend eingestellt ist. In religiösen Ländern hält sich dadurch der Glaube auf hohem Niveau, in Ländern mit Zuwanderung – und das sind vor allem säkularisierte Staaten der westlichen Welt – könnte er sogar zunehmen, weil Zuwanderer in der Regel religiöser sind als die einheimische geburtenschwache Bevölkerung.

Der Faktor Bildung kann eine wichtige Rolle spielen. Mehr Bildung in einer Gesellschaft geht in der Regel mit einem Rückgang der Geburtenzahlen und der Religiosität einher. Daraus aber den Schluss zu ziehen, dass nur Ungebildete etwas für Religion übrig haben, wäre genauso voreilig wie der Schluss, nur Ungebildete hätten Vertrauen in die Zukunft, weil sie in größerer Zahl Kinder in die Welt setzen. Und wenn die Kinderzahl pro Familie sinkt, heißt das noch lange nicht, dass die Familie ein Auslaufmodell ist, ebenso wenig ist es die Religion, auch wenn manches darauf hinzuweisen scheint.

Keine Weltanschauung wird sich allein durchsetzen

Es tauchen immer wieder Verschwörungstheorien auf, die bestimmte Nationen oder Weltanschauungen auf dem Weg zur Weltherrschaft sehen. Die Erfahrungen der Geschichte sprechen dagegen. Weder auf dem Weg einer weitgehend friedlichen Missionsarbeit oder Expansion noch auf jenem der Gewalt und Indoktrination konnte ein Volk oder eine Religion die ganze Welt unter Kontrolle bringen, höchstens größere Regionen auf eine gewisse Zeit.

Darum ist auch nicht zu erwarten, dass die Menschheit in eine total vom Atheismus oder Christentum oder Islam oder einer anderen religiösen Richtung dominierte Zukunft geht. Soweit die Gesellschaft pluralistisch bleibt, wie sie es im säkularisierten „Westen", aber genauso in Asien, Südamerika oder in Afrika südlich der Sahara ist, geht der Wettbewerb zwischen den verschiedenen Weltanschauungen weiter. Die Prognose sei gewagt: Je militanter dabei vorgegangen wird, umso weniger wird man damit Erfolg haben. Aggressiver Atheismus wird einen allfälligen Rückgang von Religiosität eher verzögern als beschleunigen. Reaktionär-fundamentalistische Tendenzen in den Religionen werden mehr Leute zu Religionsgegnern als zu Gläubigen machen.

Religiosität wird neue Gesichter bekommen

Religionen werden geschätzt, weil sie der Sehnsucht und Hoffnung Ausdruck geben: „Da gibt es doch noch etwas." In „satten" Gesellschaften wird die klassische Religiosität innerhalb großer Institutionen möglicherweise zu einem Minderheitenprogramm. Reformen dieser Institutionen sind denkbar und sicher notwendig, sie werden die Menschen aber nicht unbedingt religiöser machen. Große Religionsgemeinschaften werden Gesellschaften voraussichtlich nicht mehr prägen, aber doch ihren Beitrag zu einer positiven Weiterentwicklung leisten können (als „Salz der Erde", als „Stadt auf dem Berg", wie es in der christlichen Bibel heißt). Verschiedene zeitbedingte Faktoren können auf der einen Seite zu mehr Aktivität innerhalb von religiösen Gemeinschaften und Institutionen oder auf der anderen Seite zu mehr individueller Glaubenspraxis führen, also zu mehr Bereitschaft zum öffentlichen Bekenntnis oder zu mehr verborgener Spiritualität.

Vorbilder prägen den Glauben

Es ist durchaus möglich, dass auch die etablierten Religionen wieder an Boden gewinnen, wenn charismatische Persönlichkeiten das Bild von ihnen prägen. Wohlstand fördert oft Gleichgültigkeit, aber nicht nur Not lehrt beten, auch positive Erfahrungen mit Religion und das Vorbild glaubwürdiger religiöser Menschen können zum Glauben führen. Bei anhaltenden Krisen besteht natürlich auch die Gefahr, dass sich Fundamentalisten, Pseudo-Religionen oder obskure „Heilsbringer" mit religiösem Mäntelchen stärker bemerkbar machen und sich in manchen Regionen sogar durchsetzen. Es ist zu hoffen, dass die echten und falschen

Propheten rasch an ihren Früchten unterschieden werden können. Die Attraktivität von Religionen und das Engagement in Religionsgemeinschaften werden in Zukunft noch mehr davon abhängen, welche natürliche Autorität ihre Leitfiguren besitzen und wie glaubwürdig sie agieren, indem sie ihr eigenes Leben authentisch nach den Lehren der von ihnen vertretenen Religion führen.

Nicht Weltmacht, nicht Privatsache

Staaten und Religionen werden, ja müssen, dort, wo sie noch eng miteinander verquickt sind, durch klare Abgrenzungen getrennt werden. Ein Gottesstaat à la Iran hat genauso wenig eine Zukunft wie es das Heilige Römische Reich deutscher Nation gehabt hat. Papst und Kaiser haben sich letztendlich auf die je eigene Machtsphäre beschränken müssen. Gebt dem Kaiser, was des Kaisers, und Gott, was Gottes ist – diese biblische „Goldene Regel" für das Verhältnis von Staaten und Religionen wird sich auch dort durchsetzen, wo heute noch ein theokratisches Modell vorherrscht. Die Menschheit hat keine guten Erfahrungen mit politischen Systemen gemacht, die für sich eine religiöse Legitimität beansprucht haben oder sich gar selbst zur Quasi-Religion erhoben haben.

Die notwendige Trennung von Staaten und Religionen, von Thron und Altar, muss aber nicht zwangsläufig in einen radikalen Laizismus à la Frankreich führen. Dies ist ein mögliches Modell, es kann aber keine allgemeine Gültigkeit beanspruchen. Das Religiöse ist nie nur privat, es hat immer auch politische Implikationen. Selbst wenn die Religion von einem politischen System ganz ins Private zurückgedrängt wird, so ist das eine bewusste politische Entscheidung und kein Naturgesetz. In jedem Fall bleiben Bezugspunkte und gemeinsame Schnittmengen, weil der Mensch immer zugleich ein „zoon politikon" und ein „homo religiosus" ist. Beide Sphären stehen miteinander in Bezug, selbst dort, wo sie fein säuberlich getrennt werden. Das beste Beispiel dafür sind die USA. Die evangelikalen und pfingstlerischen Bewegungen sind einerseits ganz und gar Ausdruck einer privaten und privatisierten Religiosität. Sie haben aber andererseits einen politischen Einfluss, der bis in die Nominierung von Präsidentschaftskandidaten hinein wirksam ist.

Also doch Weltmacht Religion? Ja und nein. Ja, weil Religion auch künftig eine Macht sein wird, die Menschen in ihren tiefsten persönlichen Überzeugungen prägt und leitet. Das bleibt nicht ohne Auswirkung auf das Politische. Nein, weil zu hoffen ist, dass die unheilvolle, Gewalt evozierende Verquickung von Politik und Religion kein Zukunftsmodell ist. Die Kreuzzüge des Christentums, die Eroberungsfeldzüge des Islams, der Terror zwischen Katholiken und Protestanten in Nordirland oder die Abgründe, die sich auf dem Balkan zwischen Katholiken und Orthodoxen, zwischen Christen und Muslimen aufgetan haben – all das gehört der Vergangenheit an, auch wenn es Generationen dauert, bis die Wunden heilen.

Die verheerenden Terroranschläge vom 11. September 2001 in New York haben sich der ganzen Menschheit als ein Fanal, ein Feuerzeichen eingeprägt. Seither sind Gotteskrieger aller Coleur eine geächtete Spezies. Nie wieder 9/11. Das ist der kleinste gemeinsame Nenner zwischen der Politik und den Religionen und zwischen den großen Weltreligionen untereinander. Es ist primär die Verantwortung der Religionen, dass sich dieses „nie wieder" in das Langzeitgedächtnis der Menschheit einprägt.

Literatur

Abdel-Samad, Hamed: Krieg oder Frieden. Die arabische Revolution und die Zukunft des Westens. Droemer, München 2011.

Assmann, Jan: Die Mosaische Unterscheidung oder der Preis der Freiheit, München-Wien 2003.

Bassam, Tibi: Der Euro-Islam als Brücke zwischen Islam und Europa. Essay in www.perlentaucher.de/Das Kulturmagazin. 20. März 2007.

Benz, Wolfgang: Die Feinde aus dem Morgenland. Wie die Angst vor den Muslimen unsere Demokratie gefährdet. C. H. Beck, München 2012.

Bertram, Christoph: Gott auf dem Vormarsch. Zeit-Online, 24. August 2006.

Casanova, José: Public Religions in the Modern World. 1994

Dawkins, Richard: Der Gotteswahn. 2. Auflage. Ullstein, Berlin 2007.

Der Fischer Weltalmanach 2013. Zahlen – Daten – Fakten. Fischer Taschenbuch, Frankfurt am Main 2012.

Eberhardt, Wolfram: Im Auftrag Allahs. Gläubige – Fanatiker – Terroristen. Molden, Wien 2008.

Fuchs, Gotthard: Kulturen der Mystik. In: Christ in der Gegenwart, Beilage Bilder der Gegenwart, Jänner 2012.

Fürst, Alfons: Friede auf Erden? Die Weltreligionen zwischen Gewaltverzicht und Gewaltbereitschaft. Herder, Freiburg im Breisgau 2006.

Graffin, Greg (mit Steve Olson): Anarchie und Revolution. Glaube und Wissenschaft in einer Welt ohne Gott. Riva, München 2011.

Halik, Tomas: Geduld mit Gott. Die Geschichte von Zachäus heute. Herder, Freiburg im Breisgau, 3. Aufl. 2011.

Harris, Sam: Brief an ein christliches Land. Eine Abrechnung mit dem religiösen Fundamentalismus. C. Bertelsmann, München 2008.

Hartung, Manuel: Gottes Jahrhundert ist angebrochen. Interview mit Monica Duffy Toft. „Die Zeit", Nr. 23, 31. Mai 2012.

Heine, Susanne u. a.: Muslime in Österreich. Geschichte – Lebenswelt – Religion. Grundlagen für den Dialog. Tyrolia, Innsbruck 2012.

Hurth, Elisabeth: Religion im Trend oder Inszenierung für die Quote? Patmos, o. O. 2008.

Jauer, Joachim: Urbi et Gorbi. Christen als Wegbereiter der Wende. Herder, Freiburg im Breisgau 2008.

Jenkins, Philip: Gottes Kontinent? Über die religiöse Krise Europas und die Zukunft von Islam und Christentum. Herder, Freiburg im Breisgau 2008.

Kabat-Zinn, Jon, Davidson, Richard, Houshmand, Zara: Die heilende Kraft der Meditation.326 Seiten,Arbor Verlag, Freiburg 2012.
Kessler, Hans: Zweierlei Islam. In: Stimmen der Zeit, Heft 7, Juli 2011.
Knopp, Guido u. a.: Der Heilige Krieg. Mohammed, die Kreuzritter und der 11. September. C. Bertelsmann, München 2011.
Koch, Herbert: Die Kirchen und ihre Tabus. Die Verweigerung der Moderne. Patmos, Düsseldorf 2006.
Krämer, Gudrun: Demokratie im Islam. Der Kampf für Toleranz und Freiheit in der arabischen Welt. C. H. Beck, München 2011.
Kummer, Christian: Der Fall Darwin. Evolutionstheorie contra Schöpfungsglaube. Pattloch, München 2009.
Laqueur, Walter: Die letzten Tage von Europa. Ein Kontinent verändert sein Gesicht. Propyläen. 2. Auflage, Berlin 2006.
Lüddeckens, Dorothea, Walthert, Rafael (Hrsg.): Fluide Religion – Neue religiöse Bewegungen im Wandel. Theoretische und empirische Systematisierungen. Verlag transcript, Bielefeld 2010.
Martini, Carlo Maria/Eco, Umberto: Woran glaubt, wer nicht glaubt? Zsolnay, Wien 1998.
Metzinger, Thomas: Der Ego-Tunnel. Eine neue Philosophie des Selbst: Von der Hirnforschung zur Bewusstseinsethik. Berlin Verlag, Berlin 2009.
Misik, Robert: Gott behüte! Warum wir die Religion aus der Politik raushalten müssen. Ueberreuter, Wien 2008.
Müller, Gerhard Ludwig: Hat die Kirche die Vollmacht, Frauen das Weihesakrament zu spenden? In: Stimmen der Zeit, Nr. 6/2012.
Oberdorfer, Bernd/Waldmann, Peter (Hg.): Machtfaktor Religion. Formen religiöser Einflussnahme auf Politik und Gesellschaft. Böhlau, Köln 2012.
Oschwald, Hanspeter: Maos fromme Enkel. Chinas Christen im Aufbruch. Pattloch, München 2008.
Polak, Regina: Zukunft. Werte. Europa. Die Europäische Wertestudie 1990–2010: Österreich im Vergleich. Böhlau, Wien 2011.
Resch, Ingo: Islam und Christentum. Ein Vergleich. Resch, Gräfelfing 2011.
Rüb, Matthias: Gott regiert Amerika. Religion und Politik in den USA. Zsolnay, Wien 2008.
Sarrazin, Thilo: Deutschland schafft sich ab. Wie wir unser Land aufs Spiel setzen. DVA, München, 22. Auflage 2010.
Shah, Timothy Samuel/Philpott, Daniel/Duffy Toft, Monica: God's Century: Resurgent Religion and Global Politics. W W Norton & Co, 2011.

Schmidinger, Thomas/Larise, Dunja (Hg.): Zwischen Gottesstaat und Demokratie. Handbuch des politischen Islam. Deuticke, Wien 2008.

Schmidt-Salomon, Michael: Keine Macht den Doofen. Eine Streitschrift. Piper, München 2012.

Schmitt, Karl Heinz/Hoeren, Jürgen (Hg.): Werden unsere Kinder noch Christen sein? Herder, Freiburg im Breisgau 1995.

Schröder, Richard: Abschaffung der Religion? Wissenschaftlicher Fanatismus und die Folgen. Herder, Freiburg im Breisgau 2008.

Steindl-Rast, David: Credo. Ein Glaube, der alle verbindet. Mit einem Vorwort des Dalai Lama. Herder, Freiburg im Breisgau, 4. Auflage 2011.

Thurmann, Michael: Der Islam-Irrtum. Europas Angst vor der muslimischen Welt. Eichborn, Frankfurt am Main 2011.

Trusheim, Volker: Selbstmordattentäter. Auf: Bundeszentrale für politische Bildung (www.bpb.de).

Ulfkotte, Udo: SOS Abendland. Die schleichende Islamisierung Europas. 5. Auflage. Kopp, Rottenburg 2009.

Weiler, Joseph H.: Ein christliches Europa. Erkundungsgänge. Anton Pustet, Salzburg 2004.

Zulehner, Paul M.: Verbuntung. Kirchen im weltanschaulichen Pluralismus. Religion im Leben der Menschen 1970–2010. 2. Auflage. Schwabenverlag, Ostfildern 2011.

Weitere Quellen:

Internet
Zeitungen, Zeitschriften
Agenturen, darunter:
Austria Presse Agentur (APA), Wien
Deutsche Presseagentur (dpa), Berlin
Katholische Presseagentur (Kathpress), Wien